Simon Brett, geboren 1945, studierte Geschichte und Anglistik; nach einem kurzen Zwischenspiel als Weihnachtsmann in einem Kaufhaus wandte er sich der »leichten Muse« zu: als Produzent und Autor von Shows, Serien und Unterhaltungssendungen für Radio und Fernsehen. Seit 1979 hat er sich ganz auf das Schreiben verlegt und ist ein erfolgreicher Krimi-, Drehbuch- und Hörfunkautor, der für seine Arbeiten zahlreiche Preise erhielt. Simon Brett ist verheiratet und hat drei Kinder.

Tony Ross wurde 1938 in London geboren. Seine Ausbildung erhielt er an der »Liverpool School of Art«. Er arbeitete als Trickfilmzeichner sowie als Grafik-Designer und Art-Director in einer Werbeagentur. Danach war er als Dozent für Bildende Kunst an der Universität Manchester. Tony Ross ist einer der beliebtesten Bilderbuchillustratoren in England. Am liebsten erzählt er seine eigenen Geschichten oder möbelt alte Märchen auf. Für »Ich komm' dich holen« (Thienemann) erhielt er 1986 den Deutschen Bilderbuchpreis.

Dieses Buch wurde auf chlor- und säurefreiem Papier gedruckt.

Deutsche Erstausgabe März 1994
© Droemersche Verlagsanstalt Th. Knaur Nachf., München
Das Werk einschließlich aller seiner Teile ist urheberrechtlich
geschützt. Jede Verwertung außerhalb der engen Grenzen des
Urheberrechtsgesetzes ist ohne Zustimmung des Verlages unzu-
lässig und strafbar. Das gilt insbesondere für Vervielfältigungen,
Übersetzungen, Mikroverfilmungen und die Einspeicherung
und Verarbeitung in elektronischen Systemen.
Titel der Originalausgabe »How to be a Little Sod«
© 1992 für den Text Simon Brett
© 1992 für die Illustrationen Tony Ross
Originalverlag Victor Gollancz Ltd., London
Umschlagillustration: Tony Ross
Satz: Ventura Publisher im Verlag
Reproduktion: Amper Repro, Germering
Druck und Bindung: Ebner Ulm
ISBN 3-426-73012-X

10   9

Simon Brett

Wie ich meinen Eltern den letzten Nerv raubte

Enthüllungen eines Säuglings

Mit Illustrationen von Tony Ross

Aus dem Englischen
von Sabine Schubert

Für Virginia und Bill,
die der Angelegenheit etwas näherstehen.

Erster Monat

Erster Tag

So, hier bin ich also. Nach den neun Monaten, die ich gerade durchgemacht habe, erwartet mich hoffentlich nur Gutes. Als es ans Pressen ging, beschloß ich, die Sache tapfer hinter mich zu bringen. Aber als ich schließlich auftauchte, wurde ich für meine Unerschrockenheit nicht belohnt: Entsetzen lag auf den Gesichtern, der Ruf »Das Baby schreit nicht« ertönte, und ohne jeden Respekt hielt man mich mit dem Kopf nach unten und versohlte mir den Hintern.

So gab ich ihnen dann, was sie wollten und ließ einen markerschütternden Schrei los. Das gefiel ihnen irgendwie besser. Kaum hatten sie mich verhauen, folgte die nächste Demütigung: Alle interessierten sich wie Besessene für meinen Familienschmuck. Ich vermute, daß sie fast neun Monate darauf gewartet hatten, mein Geschlecht in Erfahrung zu bringen, aber etwas Zurückhaltung hätte ich mir schon gewünscht.

Dann wickelte man mich in eine Decke und schob mich in ihre Arme. »Oh, ist der Kleine nicht süß?« begann sie zu gurren. »Ist er nicht wundervoll?«

Trotz des ganzen Schmalzes war das ein interessanter Augenblick, denn ich bekam zum ersten Mal das Gesicht der Frau zu sehen, die für neun Monate mein Wohnmobil gewesen war. Ich muß sagen, daß sie nicht gerade toll aussah. Und war all die Heulerei wirklich nötig?

Nicht, daß sie die einzige gewesen wäre. Über die Schulter hinweg konnte ich die andere Hälfte der Verschwörung sehen – ihn. Er war in einem noch schrecklicheren Zustand: blaß, zitternd, und die Tränen liefen ihm die Backen herunter.

Es scheint, als ob Heulen hier draußen eine Riesensache ist. Und so habe ich laut mitgemacht.

Aber man kann es ihnen nicht recht machen. Noch eine Minute früher waren sie verzweifelt gewesen, weil ich **nicht** schrie, und jetzt plötzlich mußte ich mir all das »Du mußt nicht weinen, komm, mein Kleiner, nicht weinen, sei ein braver Junge ...« anhören.

Was wollen die denn nun wirklich?

Der Rest meines ersten Tages war unglaublich demütigend: Sie haben mein Lebenskabel zu ihr durchgeschnitten, haben mich gewaschen, gewogen und mir eins von diesen labbrigen einteiligen Dingern angezogen. Am Ende der Prozedur bin ich jedoch zu einer wichtigen Erkenntnis gekommen: Meine Eltern sind total abhängig von mir und reagieren auf jede kleine Verhaltensänderung meinerseits.

Offen gesagt, eine wichtige und grundlegende Regel hat sich schon etabliert: ICH BIN HIER DER BOSS.

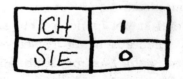

Zweiter Tag

Heute morgen kamen ihre Eltern, um mich zu besuchen. Anscheinend sehe ich genauso aus wie sie als Baby.

Sie haben mir ein Geschenk mitgebracht: eine Rassel, die aussieht wie der abgeschlagene Kopf eines Teddybären auf einem Stock. »Ich bin sicher, daß der Kleine schon bald damit spielen wird«, sagten sie. O Mann, der Tag wird wohl nie kommen, an dem ihr mich dabei erwischt, wie ich mit enthaupteten Teddybären spiele.

Ihre Eltern haben gefragt, welche Namen für mich in Frage kommen. Ich kann nur hoffen, daß die Vorschläge meiner Eltern Ausdruck ihres ausgeprägten Sinns für Humor waren.

Ihre Eltern wollten wissen, wann die Taufe stattfinden sollte. Meine Eltern haben ein wenig um den heißen Brei herumgeredet.

Mit der Stillerei klappt es noch nicht so gut. Sie ist sehr nervös. Theoretisch war ihr schon immer klar, daß ihre Brüste dafür bestimmt sind, aber man kann vorher eben keinen Trockenkurs veranstalten. Sie macht sich schon Sorgen, ob auch genug Milch für mich da ist.

Das sollte ich mir merken: ESSEN ZU VERWEIGERN IST EINE WIRKUNGSVOLLE ART VON ERPRESSUNG.

Als er kam, hatte er die Kamera dabei. Sie hatte sich

die Haare gewaschen, ein wenig Make-up aufgelegt und ein frisches Nachthemd angezogen, um für das offizielle Foto besser auszusehen, als es die Umstände gerade zulassen.

Ich dachte zwar, daß ich ziemliche Verwirrung gestiftet hätte, indem ich ihr auf das saubere Nachthemd kotzte, als er gerade auf den Auslöser drückte, aber er schien zufrieden, daß er gerade diesen Augenblick auf Zelluloid gebannt hatte. Ich habe das komische Gefühl, als ob alle meine Bewegungen in den nächsten Wochen als Anlässe für die unmöglichsten Schnappschüsse herhalten müssen.

Am Nachmittag kamen seine Eltern, um mich abzuchecken. Offensichtlich sehe ich genauso aus wie er als Baby.

Sie haben mir ein Geschenk mitgebracht: eine Rassel, die aussieht wie der Kopf eines Teddybären auf einem Stock. »Und du bist sicher, daß das Baby noch keine solche Rassel hat?« fragten sie. »O nein«, antwortete sie.

Warum hat sie gelogen? Ich spüre, daß da ein Familienkonflikt heranwächst – es knistert zwischen den rivalisierenden Großeltern.

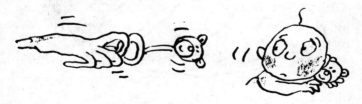

Auch seine Eltern wollten den Namen wissen. Die Vorschläge meiner Eltern können einfach nicht ernst gemeint sein.
Auch seine Eltern fragten nach der Taufe.
Später hatte sie eine kleine Auseinandersetzung mit der Schwester. Sie ist überzeugt, daß Kinder nach Bedarf gestillt werden müssen, während die Schwester glaubt, daß es mir nicht schadet, vier Stunden zwischen den Mahlzeiten zu warten.
Die Schwester hat natürlich recht, aber ich finde es o.k., daß man sie nach ihrem System stillen läßt. Für mich ist das eine gute Nachricht, denn wenn sie mich stillt, wann immer ich will, bieten sich mehr Möglichkeiten für Störungen und allgemeine Körperverletzung.
Die Schwester ist immer noch nicht einverstanden und murmelt etwas von »sich selbst eine Rute aufbinden«. Wie recht sie doch hat!

Dritter Tag

Ein großer Tag. Ich werde nach Hause gebracht.
Sie hatten mich so gut eingewickelt, daß ich kaum durch meine Augenschlitze sehen konnte. Trotzdem konnte ich meine Enttäuschung über das Haus nicht ganz verbergen. Während der neun Monate, die man sich im Bauch suhlt, hat man nicht allzuviel, über das man nachdenken kann. Ich fürchte, ich habe immer wieder die irre Vorstellung genährt, in eine mit Geld ausgestattete Klasse hineingeboren zu werden.
Selbst an das Königshaus hatte ich kurz gedacht ...
Aber was soll's ...
Sobald wir ankamen, sind sie mit mir nach oben in mein Zimmer geschossen, und ich bekam immer wieder Sätze wie »Ist das nicht ein süßes Zimmer?« und »Du wirst dich wohlfühlen, mein Süßer« zu hören. (Wenn sie das mit dem »süß« mal abstellen würden!)
Ich hätte ihnen in bezug auf das Kinderzimmer ja ger-

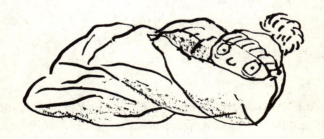

ne zugestimmt, aber es tut mir leid ... Meine Eltern haben vielleicht viele bewundernswerte Eigenschaften, aber Geschmack – na ja, Schwamm drüber.

Zum Beispiel hängt über dem Kinderbett – direkt im Blickwinkel von jedem, der dort liegt – ein Mobile mit flauschigen Krokodilen. Wirklich! Jedes Kind, das in der Annahme aufwächst, Krokodile seien kuschelig, wird später eine böse Überraschung erleben! Der World Wide Fund for Nature wird dafür geradestehen müssen.

Ich sehne mich schon nach dem Tag, an dem ich in meinem Bett stehen kann, mir das nächste flauschige Krokodil greife und DAS GANZE VERDAMMTE DING RUNTERREISSE.

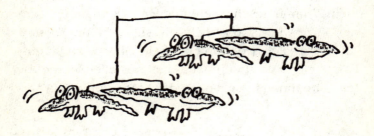

Vierter und fünfter Tag

An diesen beiden Tagen kamen lauter Besucher, die mir huldigten. Den Anfang machte seine Patentante. Offensichtlich sehe ich genauso aus wie sein Onkel

Wilfrid, als er seine Mitmenschen noch erkannte. Sie hat mir ein Geschenk mitgebracht – ein Lätzchen mit Ninja Mutant Turtles. Das muß man sich mal vorstellen! Es ist klar, daß sie es billig gekriegt hat – nichts kommt so schnell aus der Mode wie das Merchandising von gestern.

Ach ja, die Patentante fragte nach dem Termin für die Taufe.

Sechster Tag

Besuch von ihrer Freundin aus dem Büro. Offensichtlich sehe ich genau wie die Prinzessin Michael von Kent aus. O Gott!

Die Freundin hat mir ein Geschenk mitgebracht – ein Lätzchen mit Mickey und Minnie Mouse. Billig war es wohl nicht, aber mir widerstrebt es, schon in so jungen Jahren Teil der Disney-Konsumwelt zu werden.

Siebter Tag

Besuch von seinem Kollegen aus dem Büro. Offensichtlich sehe ich genauso aus wie der Postbote, ha-ha-ha.

Er hat mir ein Geschenk mitgebracht: ein Päckchen Kondome. »Heutzutage haben beide so etwas dabei«, erklärte er. »Es ist nie zu früh, vorbereitet zu sein, ha-ha-ha.« Das war ganz deutlich ein Witz, der nach ein paar Bier beim Mittagessen mit Freunden entstanden war. Sie fand ihn deutlich weniger lustig als er.

Der Kollege erwähnte die Taufe nicht, aber er sagte, daß er heute abend mit ihm ausginge, um den Kopf des Babys mit ein paar Bier anzufeuchten, ha-ha-ha.

Bei der nächsten Mahlzeit war die Milch ein wenig sauer.

Neunter Tag

Heute habe ich meinen potentiellen Feind kennengelernt.

Die Katze. Sie ist ein klarer Fall von emotionaler Ersatzbefriedigung und wurde angeschafft, bevor sie Nägel mit Köpfen machten und mich in die Welt setzten.

Das war Haß auf den ersten Blick. Die Katze hat mich angespuckt, und deshalb habe ich geschrien.
Natürlich werde ich am Ende gewinnen. Im Augenblick hat die Katze jedoch den Vorteil auf ihrer Seite. Sie ist unglaublich mobil, und ich bin unglaublich unbeweglich. Aber ich arbeite daran.

Zehnter Tag

Ich habe eine weitere potentielle Gefahr für mein Leben ausgemacht. Sie besitzt ein Buch über Kinderpflege.
Ich weiß, daß ich während der nächsten Monate das Buch ständig sehen werde. Jede kleinste Entwicklung wird beobachtet und mit dem entsprechenden Absatz im Buch verglichen.
Auf der anderen Seite bedeutet das natürlich, daß ich mir nur irgend etwas zulegen muß, was nicht im Inhaltsverzeichnis steht, um sie wirklich nervös zu machen.

Elfter Tag

Weil sie mich immer stillt, wenn ich will, ist sie total am Ende. In einer Minute des Großmuts hat er verkündet, daß er sich am Abend um mich kümmern würde, so
daß sie sich ihre »wohlverdiente« Ruhepause gönnen könnte.
Aber es war einfach unglaublich. Er ist noch nervöser als sie. Er hat alle zwei Minuten im Buch nachgeschlagen, so als ob er per Fernstudium eine Bombe entschärfen wollte.
Er hat es nur eine Dreiviertelstunde ausgehalten. Dann ist er in einem Zustand vollständiger Paranoia nach oben gerannt und hat sie geweckt, weil er überzeugt war, daß ich alle im Inhaltsverzeichnis aufgeführten Krankheiten und Wehwehchen hätte. Das einzige, was er in dieser Dreiviertelstunde zustande gebracht hat, war, mich zu wickeln. Wenigstens annäherungsweise.

Und er war vielleicht stolz darauf!
»Die Windel kann es nicht sein«, verkündete er, als sie beide heruntergerannt kamen, um die Liste mit haarsträubenden Kinderkrankheiten mit meinen (nicht vorhandenen) Symptomen zu vergleichen. »Ich habe ihn gewickelt.«
Den Satz werden wir in nächster Zeit wohl öfter hören. Ich kann mir genau vorstellen, wie er in der Pause im Pub mit seinen Freunden zu Mittag ißt, bescheiden grinst und sagt: »Ich trage meinen Teil zur Kinderpflege bei, wißt ihr. Es ist klar, daß meine Frau mehr Zeit mit dem Kind verbringt, weil ich den ganzen Tag arbeite, aber ich helfe mit, wenn ich nach Hause komme. Ich meine, zum Beispiel ... ich wickle das Baby.«
Ein wirklicher emanzipierter Mann ist er, mein Vater.

Zwölfter Tag

Große Aufregung heute. Ich bin zum allerersten Mal im Kinderwagen ausgefahren. Die Stufe vor der Haus-

tür hat mich ganz schön durchgerüttelt. Ich hoffe, daß sie vor unserem nächsten Ausflug noch ein wenig mit dem leeren Kinderwagen übt.
Es war nur eine kurze Spazierfahrt: die Straße hoch, an ein paar Läden vorbei zur Drogerie.
Dann sind wir zurück nach Hause, unser Einsatz war ein Flop. Es ist nämlich so: Der einzige Grund für die Spazierfahrt war, daß sie mich ihren Freunden und Bekannten vorführen wollte. Aber sie hat niemanden getroffen. Selbst in der Drogerie wurde sie von einem Mädchen bedient, daß sie nie vorher gesehen hatte.

Dreizehnter Tag

Wieder eine Ausfahrt im Kinderwagen. Die Stufe vor dem Eingang hat sie immer noch nicht im Griff.
Heute morgen sah es, was das Gesellschaftliche anbetrifft, etwas besser aus, obwohl sie die Straße dreimal auf und ab fahren mußte, um jemanden zu treffen, den sie kannte.

Die Leute, die sie getroffen hat, waren beeindruckt von mir – das wollte ich aber auch meinen.
Drei haben gesagt, ich

sähe genauso aus wie sie, zwei waren der Meinung, ich sähe genauso aus wie er, und einer stellte fest, ich sähe genauso aus wie Winston Churchill. Interessant!

Einer hat nach meinem Namen gefragt. Sie antwortete, sie hätten sich endlich entschieden. Dann hat sie ihn ausgesprochen. Das kann doch nicht ihr Ernst sein!

Vierzehnter Tag

Wieder eine Spazierfahrt im Kinderwagen. Eine kleine Verbesserung, was die Überwindung der Stufe vor dem Eingang angeht, aber sie braucht noch mehr Übung.

Wir sind ins Krankenhaus gefahren. Bin gewogen worden etc. Habe bewundernde Blicke von anderen Müttern auf mich gezogen – was ja eigentlich nicht anders zu erwarten war. Sie hat eine Nachbarin getroffen, die auch mit ihrem Baby (abscheuliche kleine Bestie, finde ich) dort war. Als sich die Nachbarin über mich beugte, um mich besser sehen zu können, habe ich mein schönstes Er-sieht-aus-wie-sie-Gesicht aufgesetzt.

»Uuh«, sagte die Nachbarin. »Er sieht dem Papa ja so ähnlich ...« Ich weiß gar nicht, warum ich mir eigentlich Mühe gebe.

Fünfzehnter Tag

Sehr zufriedenstellende Konfrontation mit der Katze heute.

Sie kam nachmittags in mein Zimmer, als ich gerade schlafen sollte. Ich habe nicht sofort angefangen zu schreien. Nein, ich habe gewartet, bis sie wie üblich die Decke durchgewalkt und sich auf dem Sofa niedergelassen hatte. Ich habe ihr sogar noch gestattet, mit dem Schnurren anzufangen.

Dann habe ich einen neuen Trick ausprobiert, für den ich schon eine ganze Weile übe. Ich schlage ganz heftig mit den Armen um mich, wobei meine Fingernägel mir fast immer einen schönen Kratzer auf der Backe bescheren.

Als ich so zu einer netten kleinen Schramme gekommen war, fing ich an, laut zu brüllen. Sie kam sofort in mein Zimmer. Ein Blick auf mein Gesicht, und sie zog sofort den von mir beabsichtigten voreiligen Schluß.

Bevor die Katze sich versah, prasselten unbarmherzig Schläge auf sie nieder.

Als sie endlich zu sich gekommen war, schoß sie wie ein Blitz nach unten und rannte durch die Katzentür nach draußen. Seitdem ward sie nicht mehr gesehen.

Zwanzigster Tag

Heute habe ich ein neues Wort gelernt. Eigentlich hat sie es auch gerade erst gelernt. Bisher hat sie nämlich nicht gewußt, wie man meine Gewohnheit benennt, kleine Klumpen Erbrochenes auf ihrer Schulter zu hinterlassen, wenn sie mich hochnimmt. Aber sie hat ihre Nase schon wieder in das Buch gesteckt und weiß jetzt, daß dieses Phänomen den Namen Bäuerchen besitzt. Jetzt, da ich den Fachausdruck kenne, habe ich beschlossen, das Timing und die Treffgenauigkeit meines Bäuerchens zu verbessern.

Einundzwanzigster Tag

Ein Tag, der hauptsächlich mit Übungen für das Bäuerchen verging. Der Trick besteht darin, nicht dann zu kotzen, wenn man gerade hochgehoben wird und sich auf Augenhöhe mit der Mutter befindet, sondern sich bis zu dem Moment zurückzuhalten, wenn man ordentlich auf ihrer Schulter liegt.

Dann heißt es raffiniert sein. Es wird leicht bemerkt, wenn man sich gründlich erbricht. Die hohe Kunst des Bäuerchens besteht darin, einen kleinen Klumpen Halbverdautes unbemerkt aus dem Mund entschlüpfen zu lassen, so daß sie den weißen Fleck auf ihrem dunkelblauen Pullover erst dann bemerkt, wenn sie an einem Spiegel vorbeigeht oder sich im Kaufhaus fragt, warum sie das Gefühl hat, von einem Stück verschimmeltem Käse verfolgt zu werden.

Zweiundzwanzigster Tag

Habe meinen Tag mit dem Verfeinern meines Bäuer-
chen-Tricks verbracht. So langsam arbeite ich mich
durch ihre Garderobe. Wieder eine kleine Fahrt im
Kinderwagen. Zur Reinigung.

Dreiundzwanzigster Tag

Mache immer noch gute Fortschritte beim Bäuerchen. Noch habe ich keines ihrer besten Kleider ver-
saut, aber das ist nur eine Frage der Zeit.
Die Hebamme kam heute vorbei, um mich anzuschauen. Anscheinend sind meine Gliedmaßen noch
vollständig.

Sechsundzwanzigster Tag

Sie hat sich angewöhnt, immer eine Baumwollwindel
über ihre Schulter zu legen, bevor sie mich hochnimmt. Wahrscheinlich habe ich das der Hebamme
zu verdanken.

Achtundzwanzigster Tag

Sie hatte heute eine Einladung zum Kaffeetrinken für morgen früh bekommen. Aus dem, was sie ihm über die Gastgeberin gesagt hat, geht eines klar hervor: Sie will wie üblich den Eindruck erwecken, daß meine Anwesenheit ihr Leben überhaupt nicht verändert hat. Wenn sie das glaubt ...

Neunundzwanzigster Tag

Das Frühstück war einer der größten Triumphe meiner Laufbahn. Ihre Gastgeberin war eine karrieresüchtige Feministin – wild entschlossen, niemals »zu Hause mit einem Kind am Hals« zu enden. Nachdem wir angekommen waren, hat sie ihr Bestes gegeben: sie hat mich so unbekümmert herumgeschaukelt, als sei ich schon seit Jahren ein Accessoire ihres Lebens. Und das Gerede darüber, wie sie schon von Beginn an beschlossen hätte, daß ich mich in ihren Tagesablauf einpassen müßte!
Da hieß es den richtigen Zeitpunkt abwarten.
Er kam nach ungefähr vierzig Minuten. Ihre Nonchalance war inzwischen fast zur Nachlässigkeit geraten, als sie mich auf ihre Schulter schwang.

Mit atemberaubender Präzision brachte ich ein perfektes Bäuerchen hervor. So habe ich nicht nur ihr schwarzes Leinenjackett bekotzt, sondern alles ist auch auf das teure Sofa unserer Gastgeberin getropft und hat dort schöne klebrige Flecke hinterlassen.

Fünf Minuten später waren wir auf dem Weg nach Hause.

Und ihr Jackett mußte gereinigt werden.

Gut, oder?

Zweiter Monat

Erster Tag

Ich bin nicht sicher, ob seine Absichten ihr gegenüber ganz ehrenhaft sind.
Wenn ich nur daran denke, wie er versuchte, mich aus dem Weg zu räumen, um an sie heranzukommen, als ich während des Stillens eingenickt war!
Das hat mich ganz schön geärgert. Schließlich und endlich ist sie meine Mutter.

Zweiter Tag

Heute abend hat er einen zweiten Versuch gestartet.
Um gerecht zu sein, muß ich zugeben, daß sie ihn

nicht ermutigt hat. Offen gesagt hat sie ihn weggeschoben und gereizt gefragt, ob er nicht einmal an etwas anderes denken könnte.
Er hat geantwortet, daß er manchmal an andere Dinge dächte, aber es sei nun schon Monate her, verdammt noch mal.
Sie gab zurück, daß der Arzt ihr gesagt hätte, sie sollten noch die nächste Nachsorgeuntersuchung abwarten. »Und bis dahin sind es schließlich nur noch zehn Tage.«
So wie er in Richtung Wohnzimmer und Whiskyflasche stampfte, sind für ihn zehn Tage sehr viel länger als für sie.

Siebter Tag

Habe eine neue Art zu schreien ausprobiert. Es ist durchdringender, und ich zittere und schluchze zwischen den gellenden Schreien.
Es hat hervorragend funktioniert. Hat diesen paranoiden Blick in ihre Augen gebracht.

Dann habe ich so getan, als sei ich hungrig, habe aber sofort das Interesse an der Brustwarze verloren, als sie mir angeboten wurde, und mit dem Schreien begonnen – mit dem neuartigen Schreien natürlich.

Sie hat sich gleich auf das Buch gestürzt.

Als er nach Hause kam, hatte sie schon gefunden, wonach sie im Inhaltsverzeichnis gesucht hatte: »Dreimonatskolik«.

Ich mag das. Erstklassig. Nett, eine so amtlich klingende medizinische Erklärung dafür zu haben, daß ich ein kleiner Satansbraten bin.

So habe ich die Genehmigung, die nächsten paar Wochen absolut unausstehlich zu sein.

Zehnter Tag

Ich bin nicht zufrieden mit der Entwicklung der Dinge. Ich habe belauscht, wie sie heute abend im Schlafzimmer sehr zärtlich mit ihm war.

Ich habe das gleich unterbunden, indem ich angefangen habe, auf meine neue Art zu schreien.

Ich frönte meiner Dreimonatskolik die ganze Nacht, so daß keine zehn Minuten ohne Geschrei vergingen.

Sollte ich sie nicht daran hindern können, sich anzufassen, kann ich wenigstens dafür sorgen, daß sie zu müde sind, um es zu genießen.

Elfter Tag

Habe alles in meiner Macht Stehende getan, um sie fertigzumachen.

Zwölfter Tag

Heute fand die Nachsorgeuntersuchung im Krankenhaus statt. Sie hat es gewagt, mich nicht mitzunehmen. Hat mich bei ihrer Mutter gelassen und so dem Tatbestand der Verletzung noch die Beleidigung hinzugefügt. Aber zumindest komme ich dazu, ein wenig Schlaf nachzuholen, so daß ich für heute abend gerüstet bin.

Um die Mittagszeit kam sie zurück. Sie sah strahlend aus (soweit jemand mit einem Still-BH strahlend aussehen kann) und verkündete, daß sie gesundheitlich vollkommen in Ordnung sei.

Ihre Mutter sagte, sie freue sich, das zu hören, fügte aber verschlagen hinzu, sie könne sich vorstellen, daß eine gewisse andere Person sich darüber noch mehr freuen würde. Wie vulgär! Aber durch diese kleine Erinnerung habe ich genügend Zeit, meinen Schlachtplan auszutüfteln.

Habe mit dem markerschütternden Schreien erst angefangen, als er aus dem Büro kam. Danach habe ich sichergestellt, daß die ganze Nacht über immer einer von beiden bei mir war. Glaube nicht, daß sie lang genug alleine waren, um ihre Unbedenklichkeitsbescheinigung auszunutzen ...

Dreizehnter Tag

... es sei denn, sie haben zwischen drei Uhr vierzehn und drei Uhr siebzehn, als ich kurz eingenickt bin, eine Begegnung auf die Schnelle arrangiert.

Aber selbst wenn sie es geschafft haben, müssen sie zu müde gewesen sein, um es zu genießen.

Fünfzehnter Tag

Samstag. Heute kamen ihre Eltern, mir zu huldigen. Sie behaupten immer noch, ich sähe aus wie sie als Baby. Sie haben mir auch ein weiteres Geschenk mitgebracht: ein Ding, das an meiner Wiege hängt. Wenn man an einem herunterhängenden Ring zieht – sie bestanden darauf, es sehr viel öfter als angebracht zu demonstrieren –, spielt es »Raindrops Keep Falling on My Head«. Ich glaube nicht, daß ich mich damit befassen werde.

Sie haben auch nachgefragt, ob sie sich schon auf einen Termin für die Taufe geeinigt hätten. Meine Eltern antworteten, er sei noch nicht ganz sicher.

Je länger alles in der Schwebe bleibt, desto besser, soweit es mich angeht. Wenn ich mir vorstelle, welchen scheußlichen Namen sie mir verpaßt haben, wird mir beim Gedanken an die Segnung durch die Kirche schon schlecht.

Sechzehnter Tag

Sonntag. Seine Eltern kamen, mir zu huldigen. Sie behaupten immer noch, ich sähe aus wie er als Baby. Sie haben mir auch ein weiteres Geschenk mitgebracht – und ja, Sie haben es erraten: Es war ein Ding, das an meiner Wiege hängt. Wenn man an einem herunterhängenden Ring zieht, spielt es »Raindrops Keep Falling on My Head«. Hätten sie nicht wenigstens eines mit einer anderen Melodie aussuchen können?
Und als seine Eltern fragten: »Seid ihr sicher, daß das Kind noch nicht so eine hat?« antwortete sie: »O nein.«
Sie haben auch nach dem Termin für die Taufe gefragt.
Ich habe bemerkt, daß meine Eltern beide Omas und Opas nicht zur selben Zeit einladen.

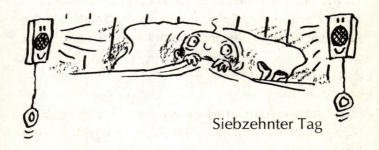

Siebzehnter Tag

Das gefällt mir gar nicht. Sie gewöhnt sich daran, daß ich da bin. Ich habe sie heute morgen am Telefon belauscht, als sie glaubte, ich schliefe.

»O, wir würden wahnsinnig gerne zum Essen kommen«, zirpte sie. »Nein, mit dem Kind geht das problemlos. Er schläft jetzt durch. Wir bringen ihn in der Tragetasche mit, stellen ihn im Schlafzimmer oder anderswo ab und kümmern uns dann nicht mehr um ihn, bis wir nach Hause gehen.«

Dann war sie noch so unverfroren zu sagen: »Wir lassen uns doch durch das Kind nicht unser gesellschaftliches Leben ruinieren!« So ist das also! Das nennt man den Fehdehandschuh hinwerfen!

Achtzehnter Tag

Hatte schon mit dem Gedanken gespielt, ungefähr zu dieser Zeit mein erstes Lächeln zu zeigen, aber nach dem, was sie am Telefon über dieses Abendessen gesagt hat, können sie lange darauf warten.

Zweiundzwanzigster Tag

Habe mich fast vertan und aus Versehen nach dem Stillen heute morgen gelächelt. Habe es gerade noch geschafft, einen Rülpser daraus zu machen.

Dreiundzwanzigster Tag

Sie hat sich wieder in das Buch vertieft und entdeckt, daß ein Baby zwischen der vierten und sechsten Woche das erste Lächeln zeigen sollte. Jetzt machen sie sich beide unheimliche Sorgen. Das Problem ist, daß ihre Angst so komisch wirkt. Ich habe Mühe, meine Lippen im Zaum zu halten.

Fünfundzwanzigster Tag

Heute war der Abend, an dem sie zur Party eingeladen waren, und ich kann in aller Bescheidenheit feststellen, daß er mir zum unbestreitbaren Triumph geriet.
Sie hatten sich für den Anlaß richtig herausgeputzt. Sie trug ein neues Kleid, das er ihr als Belohnung dafür gekauft hatte, daß sie so schnell nach der Geburt wieder ihr altes Gewicht hatte. (Um ehrlich zu sein, bin ich angesichts der Geschwindigkeit, mit der sie seit meiner Ankunft abgenommen hat, ein wenig be-

leidigt. Mich tröstet nur der Gedanke, daß ihre Hüften wahrscheinlich immer breiter bleiben werden, und die Schwangerschaftsstreifen ... nun, die bleiben ja wohl für den Rest des Lebens, oder?)
Im Auto habe ich so getan, als würde ich einschlafen, und sie haben versucht, mich durch die Diele ihrer Freunde zu schmuggeln, indem sie das Licht nicht anknipsten.
Aber gerade als ihre Freunde sich über mich beugten und ekstatisch flüsterten, wie wunderschön ich sei, beschloß ich, mein Aufwachritual in allen Details durchzuspielen. Ich fühlte, wie sie nervös wurde, entschärfte jedoch die Situation, indem ich ein kurzes gewinnendes Gurgeln hören ließ, seufzte, meinen

Daumen in den Mund steckte und so tat, als würde ich wieder einschlafen. »Ah, was für ein entzückendes kleines Baby«, waren sich alle einig.

42

Sie verfrachtete mich in ein Gästezimmer und flüsterte mir zu: »Jetzt laß Mama und Papa einen netten Abend für Erwachsene haben, mein Süßer, und wenn wir nach Hause kommen, gibt dir Mami was zu essen, ja?«

Ich wartete in aller Ruhe auf den Moment, der mir das größte Störpotential verschaffen würde. Ich konnte hören, daß sie gerade ihren Aperitif tranken.

Dann kam mein Auftritt: Unten hörte ich Geräusche, und entspannt klingende Stimmen drangen nach oben, als sie alle ins Eßzimmer gingen. Ich zählte bis zehn und ließ es krachen.

Sie war sofort oben, holte mich aus der Tasche und nahm mich auf den Arm.

Ich hätte die Drei-Monats-Kolik-Karte spielen können, aber beschloß, sie in der Hinterhand zu behalten.

Statt dessen verfiel ich in meine Grunz- und Preßarie. Es mußte die Windel sein, oder?

Sie flitzte mit mir ins Bad, machte meinen Strampler auf und zog mir geübt die Windel aus. Sie war einigermaßen überrascht, daß sie noch nicht einmal naß war.

43

Das Timing gehört zu den wichtigsten Fertigkeiten im Leben. Ich muß sagen, mit dem Timing meines nächsten Unternehmens war ich wirklich zufrieden. Dem sehr schnellen »Grunzen-und-Pressen« folgte ein direktes Bespritzen nicht nur des Stramplers und des Badezimmerteppichs, sondern auch ihres neuen Kleids. Wenn das keine Zielgenauigkeit ist! Und wenn ich erst einmal zu den festen Bestandteilen komme!

So, nun war also der Rahmen für den Rest des Abends geschaffen. Ich plärrte immer, wenn sie mich wieder hinlegen wollte, und schrie immer, wenn man mich hochnahm. Ich machte wirklich den Eindruck eines Babys im letzten Stadium der Drei-Monats-Kolik. Und es gelang mir, weitere drei Windeln zu liefern. Der infolge meiner Wut hineingedrückte weiche Inhalt war gratis.

Meine Eltern hielten es bis Viertel nach zehn aus,

dann packten sie mein Zeug zusammen und bliesen gedemütigt zum Rückzug.

»Mit dem Kind geht das problemlos« – ha! Es wird eine Weile dauern, bis sie diesen Satz wieder auszusprechen wagen.

Sechsundzwanzigster Tag

Wenn ich siege, bin ich immer großmütig, und so habe ich heute zum ersten Mal gelächelt.

Sie sah nach dem Reinfall von gestern abend so unglücklich aus, daß ich nicht widerstehen konnte.

Ich wartete bis zum Abend, als er vom Büro zurückkam. Er hatte schlechte Laune. Der gestrige Abend hatte ihm wirklich klargemacht, wie sehr meine Anwesenheit ihr gesellschaftliches Leben verändern würde. Infolgedessen war er weder zu ihr noch zu mir sehr nett.

So weinte sie ein wenig, als sie mich in die Wiege legte, und ich beschloß, sie mit dem berühmten ersten Lächeln ein wenig aufzumuntern.

Zuerst konnte sie es gar nicht glauben. Sie nahm mich hoch und murmelte: »Na, mußt du wieder pupsen?«

Ich lächelte noch einmal. Nichts.

Um ihrer peinlich langsamen Wahrnehmung ein we-

45

nig auf die Sprünge zu helfen, ließ ich beim Verziehen der Lippen noch ein lustiges Gurgeln vernehmen, und endlich fiel der Groschen. »Das Baby lächelt!« schrie sie, ganz außer sich. »Das Baby lächelt!«

Es hatte den gewünschten Effekt. Er kam die Treppe hochgehechtet und starrte gefühlsduselig in mein Bett.
Umgehend fing ich an zu schreien.
Er wird sich sein erstes Lächeln noch verdienen müssen.

Siebenundzwanzigster Tag

Lächle immer nur sie an, nicht ihn. Sie ist darüber sehr entzückt. Er ist sehr beleidigt.
Diese Erpressungsarie fängt an, mir zu gefallen. Ich denke, daß die Zukunft noch viele Stunden harmloser

Freude für mich bereithält, wenn ich sie gegeneinander ausspiele.

Achtundzwanzigster Tag

Mist. Ich habe verschlafen, und es gibt absolut keinen Zweifel, daß sie diese unbewachte halbe Stunde genutzt haben, um etwas auszuhecken. Ich habe keine andere Erklärung für sein dummes Grinsen und das blöde Gekichere, das ich zu hören bekam, als sie mich endlich in ihr Bett holten.

Dafür werden sie büßen, keine Angst. Habe geschrien, ließ mich nicht mehr beruhigen, verweigerte die Nahrung, und als ich schließlich trank, habe ich so stark gesaugt, daß ihre Brustwarzen jetzt ganz wund sind.

Tut mir leid, aber es geht um mein Revier. Es handelt sich hier um etwas, das man erbarmungslos im Keim ersticken muß.

Dritter Monat

Zweiter Tag

Habe gehört, wie sie am Telefon einer Freundin erzählte, was für ein hübsches Baby ich sei – viel hübscher als andere Babys, weil ich viele Haare auf dem Kopf habe. Prinzipiell habe ich dagegen nichts einzuwenden – denn es ist letzten Endes die Wahrheit –, aber ich mag nicht, wie sie sich meine Vorteile immer als eigenen Verdienst anrechnet.
Dann sagte sie noch, daß sie erwäge, mich an dem Wettbewerb »Ich bin das schönste Baby« teilnehmen zu lassen. Hm.
Habe damit begonnen, meinen Kopf auf dem Laken von einer Seite zur anderen zu drehen.

Dritter Tag

Reibe immer noch meinen Kopf auf dem Laken.

Vierter Tag

Habe gehört, wie sie mit ihm über den Wettbewerb
»Ich bin das schönste Baby« sprach. Er findet Ende
nächsten Monats statt. Beide scheinen ganz begeistert von der Idee zu sein. Ich muß wohl nicht beto-
nen, daß ich davon nicht angetan bin.
Mich beunruhigt auch, daß er angefangen hat, künst-
lerisch angehauchte Fotos von mir zu machen. Mit
den Schnappschüssen ist er nicht mehr zufrieden,
sondern jetzt zählen die Perspektive oder Aufnahmen
mit Zweigen im Hintergrund. Er wird sie bei einem
Wettbewerb einschicken.
Habe das Kopfrubbeln verstärkt.

Fünfter Tag

Erste Erfolge meines Kopfreibens. Sie hat eine deutlich sichtbare kahle Stelle entdeckt, als sie mich heute morgen stillte.

Siebter Tag

Auf der linken Seite meines Kopfes sind fast alle Haare ausgegangen. Sieht aus, als hätte ich die Räude.

Achter Tag

Konzentriere mich jetzt auf die rechte Seite meines Kopfes. Das Haar geht in Büscheln aus, und das bedrückt sie sehr.
Und um das Maß vollzumachen, bekomme ich auch noch Milchschorf.

Zehnter Tag

Jetzt bin ich vollkommen kahl, und meine Kopfhaut ist mit Schuppen überzogen. Im Krankenhaus habe

ich heute die mitleidigen Blicke anderer Mütter auf
mich gezogen. Sie wäre vor Scham am liebsten im
Boden versunken.
Von meiner Teilnahme am Wettbewerb »Ich bin das
schönste Baby« ist keine Rede mehr.

Zwölfter Tag

Heute erhob das Thema Taufe wieder sein häßliches
Haupt. Habe gehört, wie sie am Telefon mit ihrer Mutter darüber sprach.
Sie sagte, daß sie mich taufen lassen würde, wenn es
nach ihr ginge, aber er sei dagegen. Er glaube, es sei
scheinheilig, ein Kind taufen zu lassen, wenn man
nicht mit jedem Detail des christlichen Glaubens einverstanden sei.

Dreizehnter Tag

Habe gehört, wie er am Telefon mit seiner Mutter
sprach.
Er sagte, daß er mich taufen lassen würde, wenn es
nach ihm ginge, aber sie sei dagegen. Sie glaube, es

sei scheinheilig, ein Kind taufen zu lassen, wenn man nicht mit jedem Detail des christlichen Glaubens einverstanden sei.

Vierzehnter Tag

Habe gehört, wie sie sich heftig darüber stritten, ob ich nun getauft werden soll oder nicht. Er sagte, da keiner von ihnen in die Kirche ginge, wäre es eine Heuchelei, mich taufen zu lassen. Ein Prinzip sei eben ein Prinzip. So ist das also.

Fünfzehnter Tag

Habe gehört, wie er heute abend wieder telefonierte. Hat mit seiner Mutter gesprochen. So wie er sich wand, war es offensichtlich, daß er sie an der Strippe hatte. Am Ende der Unterhaltung erklärte er, es sei schwierig, aber er würde sehen, was sich machen ließe.

Dann hörte ich, wie er mit ihr sprach. Er hasse es, wenn sie unglücklich sei, und wenn sie wirklich darauf bestehe, würde er einmal bei seinen Prinzipien

55

eine Ausnahme machen – aus Liebe zu ihr – und mich taufen lassen.

Oh, sie ist verschlagen!

Dann lief sie zum Telefon, um ihrer Mutter mitzuteilen, daß sie ihn rumgekriegt hätte und daß die Taufe am Sonntag in einer Woche stattfände.

Später, als er sich sicher war, daß sie vor dem Fernseher hing, rief er seine Mutter zurück. Er teilte ihr mit, daß er sie rumgekriegt hätte und daß die Taufe am Sonntag in einer Woche stattfände.

Dann fiel ihm noch ein, daß er den Pfarrer anrufen mußte. Aus dem Ende seiner Unterhaltung konnte man schließen, daß der Pfarrer

a) für die nächsten sechs Wochen bis über beide Ohren voll war mit Taufen und

b) nur Kinder von Leuten taufte, die regelmäßig zum Gottesdienst kamen.

Siebzehnter Tag

Heute haben sie der Babyausstattung ein weiteres Teil hinzugefügt. Es handelt sich um ein Tragetuch.
Sie haben es heute abend an mir ausprobiert. Ich bin lieber vor sie als vor ihn geschnallt. Wer nicht?!
Eigentlich ist dieses Tuch sehr bequem, aber das werde ich ihnen nicht auf die Nase binden. Anstatt dessen habe ich immer, wenn sie versuchten, mich in dieses Ding zu stecken, meine Schrei- und Strampelarie aufgelegt.

Zwanzigster Tag

Sie hat mich im Tragetuch zum Einkaufen mitgenommen. Recht vergnüglich.
Das Ding macht mich jedoch wahnsinnig, wenn ich Hunger habe. Mein Gesicht zwischen ihren Busen ge-

klemmt zu haben, aber trotzdem durch ein paar Schichten Stoff und einen Still-BH am Trinken gehindert zu werden, ist die frustrierendste Erfahrung, die ich bisher machen mußte.
Auf der anderen Seite eröffnet sich mir so ein ganz neues Feld für mein Bäuerchen.

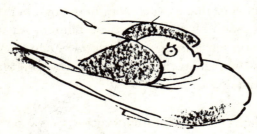

Einundzwanzigster Tag

Sie findet das Tragetuch wundervoll und hat mich fast den ganzen Tag darin herumgetragen.
Abends, als sie ins Bett ging, hat ihr der Rücken wehgetan.

Zweiundzwanzigster Tag

Samstag. Sie hat mich im Bett gestillt. Sie kann wegen ihrer Rückenschmerzen immer noch nicht aufstehen.

Dreiundzwanzigster Tag

Sonntag. Eine neue Erfahrung für mich. Sie haben mich mit in die Kirche genommen.
Daraus, daß sie immer aufgestanden sind, wenn die anderen sich setzten und umgekehrt, schließe ich, daß es auch für sie eine neue Erfahrung war.
Am Ende des Gottesdienstes stellte er sich auf dem Weg nach draußen dem Pfarrer vor. »Ich hatte mit Ihnen wegen der Taufe gesprochen ...«, sagte er. »Erinnern Sie sich, daß Sie erwähnten, Sie würden unser Kind taufen, wenn wir regelmäßig in den Gottesdienst kämen ...?«
»Das ist sicher richtig«, erwiderte der Pfarrer. »Aber ich würde einen Besuch in der Kirche nicht schon als regelmäßig bezeichnen ...«

Vierundzwanzigster Tag

»Glaubst du, daß mit seinen Augen alles in Ordnung ist?« fragte sie ihn besorgt, als sie sich heute abend beide über mein Bett beugten. »Ich meine, findest du nicht, daß er ein bißchen schielt?« Was in aller Welt wollen sie eigentlich von mir? Schaue ich sie nicht an, wenn sie mich ins Bett legen, sind sie gekränkt. Schaue ich sie an, dann machen sie sich Sorgen, ich könnte schielen. Blödsinn!

Versuchen Sie mal, aus der Tiefe eines Kinderbettes zwei Leute, die dreimal so groß sind wie Sie, anzuschauen, ohne zu schielen.

Fünfundzwanzigster Tag

Übe zu schielen. Jetzt, da sie anscheinend beschlossen haben, sich darüber Sorgen zu machen, muß ich ihnen wenigstens etwas liefern, das die Sorgen lohnt.

Sechsundzwanzigster Tag

Mit meiner Schielarbeit komme ich gut voran. Wenn ich mich wirklich konzentriere und mit beiden Augen auf meine Nasenspitze starre, bekomme ich exzellente Ergebnisse (d. h. sie macht sich wirklich Sorgen).

Sie war so beunruhigt, daß sie die Nachbarin nach ihrer Meinung fragte, was mein Schielen anbetrifft. Ich habe ihr einen Strich durch die Rechnung gemacht, indem ich so tat, als schliefe ich, bis die Nachbarin wieder abzog.

Siebenundzwanzigster Tag

Ich werde richtig gut. Habe sie tatsächlich dazu gebracht, mit dem Buch in der Hand neben meiner Krippe zu stehen. Wenn sie die Reparaturanleitung hervorholt und anfängt, mich mit den Zeichnungen im Buch zu vergleichen, ist das immer ein Zeichen außerordentlicher Sorge.

Als ein Verkäufer von Sicherheitsglas vorbeikam, hat sie sogar ihn gefragt, ob er glaube, daß ich schielte. Er sagte, er sei sich nicht sicher. Sie wurde ihn zwei Stunden später nur los, weil sie eine Terrassentür bestellt hatte.

Achtundzwanzigster Tag

Man sagt: Übung macht den Meister, und so fixiere ich immer, wenn ich wach im Bett liege, mit beiden Augen meine Nasenspitze.
Heute bat sie einen Zeugen Jehovas herein und ließ ihn meine schielenden Augen begutachten. Er sagte, er sei sich auch nicht sicher. Sie wurde ihn nur los, als sie ihm ihre Seele – und meine auch – versprach.

Neunundzwanzigster Tag

Sie macht sich wirklich Sorgen. Habe gehört, wie sie ihm einen Abschnitt aus dem Schielkapitel im Buch vorlas: Offensichtlich müssen ganz kleine Babys schielen, aber wenn sie es ein paar Monate später immer noch tun, dann heißt das, daß sie wirklich SCHIELEN. Mit jedem Tag, der ins Land zieht, wächst ihre Überzeugung, daß ich schiele.

Dreißigster Tag

Sie haben mich wieder in die Kirche mitgenommen. Diesmal habe ich während des gesamten Gottesdienstes geschrien. Der Vikar freute sich, uns wiederzusehen und stellte in Aussicht, daß wir uns in ein paar Wochen über die Möglichkeit einer Taufe unterhalten könnten.

Sie fragte ihn, ob er als objektiver Nichtbeteiligter bei mir ein Schielen bemerkte oder nicht. Der Vikar war sich nicht sicher, betonte jedoch, daß Gott für alle Menschen da sei, selbst für solche, die schielen. Das schien sie nicht sehr zu beruhigen. Ihre Sorge hat tatsächlich ein solches Ausmaß erreicht, daß sie den Arzt anrief. Sie hielt es für einen Notfall und wollte, daß er sofort vorbeikäme. Der Doktor war der Ansicht, daß bei schielenden Kindern vierundzwanzig Stunden keinen großen Unterschied machten, und außerdem sei es Sonntag, verdammt noch mal! Er wollte am nächsten Tag vorbeikommen.

Bevor sie schlafen ging, beugte sie sich bekümmert über mein Bett. Ich öffnete meine Augen und probierte eine neue Variante aus: Ich schaute die kleinen Vögelchen auf der rechten Seite meines Betts mit dem rechten und die kleinen Vögelchen auf der linken Seite meines Betts mit dem linken Auge an.

Es funktionierte ganz prächtig. Sie brach in Tränen aus, und er mußte sich um sie kümmern und sie bis in die frühen Morgenstunden trösten. Und dabei hatte er doch ganz andere – weniger großherzige Dinge vorgehabt.

Einunddreißigster Tag

Der Arzt kam. Ich habe stur geradeaus geschaut. Er konnte nichts feststellen.
Der Arzt ging wieder. Sobald sie nach oben kam, um nach mir zu schauen, richtete ich mein rechtes Auge auf die kleinen Vögelchen links von mir und das linke Auge auf die kleinen Vögelchen rechts von mir.
Sie reagierte überhaupt nicht.
Hm. Könnte es sein, daß sie beginnt, meine kleine List zu durchschauen?

Vierter Monat

Erster Tag

Heute hat sie ohne Vorwarnung mit dem Zufüttern begonnen. Im Anschluß an meine Mahlzeit um die Mittagszeit wollte ich ein wenig dösen, als ich plötzlich spürte, wie dieses Plastikding in meinen Mund geschoben wurde. Es war ein Löffel.
Sie hat schon wieder in diesem Buch herumgelesen. Ich wette, daß es dort heißt: »Sie sollten nach drei Monaten zufüttern.« Sie nimmt alles so wörtlich, und deshalb hat sie genau das getan. Auf den Tag genau.

Was mich dabei so ärgert, ist, daß sie damit ziemlich erfolgreich war. Sie hat vom Überraschungsfaktor profitiert und konnte so den Dreck tatsächlich in mich

hineinbugsieren. Als der Löffel in meinem Mund war, habe ich mich mit einer Art umgekehrtem Rülpser beschweren wollen und so versehentlich das Zeug geschluckt.
Igitt. Das war ein fauler Trick.

Zweiter Tag

Ihrem faulen Trick begegnete ich mit einem weit fauleren: Sie mußte die erste Windel der Post-Milch-Generation entsorgen.

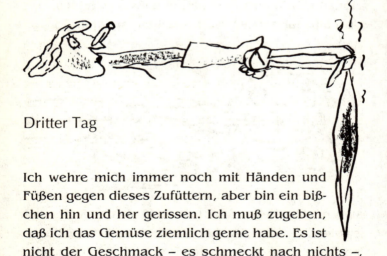

Dritter Tag

Ich wehre mich immer noch mit Händen und Füßen gegen dieses Zufüttern, aber bin ein bißchen hin und her gerissen. Ich muß zugeben, daß ich das Gemüse ziemlich gerne habe. Es ist nicht der Geschmack – es schmeckt nach nichts –, aber das Gefühl beim Essen und Verdauen. Wenn man einmal etwas mit ein wenig mehr Substanz in die Verdauung hinuntergeschickt hat, dann ist Milch eher fade. Trotzdem möchte ich nicht, daß sie das merkt. Ich will ihr nicht das Gefühl geben, daß sie gewinnt.

ICH	7
SIE	½

Vierter Tag

Ich fange gerade an, die Möglichkeiten zu erkennen, die mir diese Zufütterei bietet. Beim Füttern mit Milch zu sabbern, Bäuerchen zu machen und Windeln zu füllen, befriedigt mich sehr, aber das ist nichts im Vergleich zu dem, was sich mit fester Nahrung machen läßt. Die Kleider meiner Eltern, Teppiche, Möbel, Tapeten, das Auto und sogar die Katze (wenn ich Glück habe) sind Zeugen meiner Entwöhnung von der Brust. Die Möglichkeiten, in Zukunft ein Chaos anzurichten, sind grenzenlos. Auch wachsen meine Haare jetzt nach. Feste Nahrung verklebt sie sehr gut.

Sechster Tag

Wieder Sonntag, und das bedeutet einen weiteren Kirchgang. Ich glaube wirklich, daß sie so langsam Geschmack daran finden. Ihre Bewegungen waren mehr in Einklang mit dem Rest der Gemeinde als die letzten beiden Wochen, und sogar ein paar von ihren Responsorien kamen an der richtigen Stelle.

Und wenn es nach dem Pfarrer geht, wird man durch drei Besuche wohl schon zum regelmäßigen Kirchgänger. Nach dem Gottesdienst verabschiedeten sich meine Eltern mit Handschlag von ihm, und dabei sagte er ihnen zu, daß er mich in drei Wochen taufen wolle.

Das gefällt mir nun überhaupt nicht.

Und als später seine Eltern kamen, um mich zu besuchen, erlitt ich den nächsten häßlichen Schock.

Nach dem Mittagessen zog seine Mutter plötzlich ein schrecklich geschmackloses Spitzenkleid aus ihrer Plastiktüte und verkündete: »Das ist das Familientauf-

kleid, in dem du getauft wurdest, Schatz, in dem dein Vater getauft wurde und in dem dein Großvater und Urgroßvater getauft wurden. Es ist doch genau das Richtige für euren großen Tag, Schatz, oder?«
Ich würde mich nicht tot in einem solchen Kleid sehen lassen!

Achter Tag

Heute habe ich gemerkt, daß das Füttern von fester Nahrung auch Nachteile haben kann. Ein neues Lätzchen.
Es ist keines aus Stoff, wie ich sie kenne. Dieses Ding ist aus hartem Plastik mit einer Art Rinne am unteren Ende, wahrscheinlich um all den Matsch aufzufangen, den ich aus dem Mund fallen lasse.

Natürlich habe ich sofort geschrien, als sie versuchte, es mir umzuhängen, aber sie hat nicht nachgegeben und es schließlich geschafft, das Ding um meinen Hals zu binden, indem sie hinten irgendeinen Verschluß zugepfriemelt hat.

Sie hat überhaupt keine Notiz von meinem verstärkten Geschrei genommen und begonnen, mich zu füttern. Ich habe es ihr gezeigt, indem ich jeden Löffel wieder ausgespuckt und meinen Kopf hin- und hergedreht habe. Außerdem habe ich versucht, das Ding auf meinen Rücken zu drehen.

Es hat nicht funktioniert! Das Lätzchen hat sich vorne irgendwie verklemmt, und alle meine anstrengenden Versuche hatten nur zum Ergebnis, daß ich mich fühlte, als wolle man mich köpfen.

Ich habe das schreckliche Gefühl, als ob sie diesmal gewinnen wird.

Dreizehnter Tag

Sonntag. Wir sind heute nicht in die Kirche gegangen. Ich glaube, daß das eine gute Nachricht für mich sein könnte. Wenn sie nicht mehr regelmäßig in die Kirche gehen, könnte der Pfarrer vielleicht seine Zustimmung rückgängig machen, und so würde die Taufe ins Wasser fallen.

Später kamen ihre Eltern, um mich zu besuchen (meine Eltern sind sehr vernünftig und halten die beiden Großelternpaare immer voneinander fern).

Nach dem Mittagessen zog ihre Mutter plötzlich ein schrecklich geschmackloses Spitzenkleid aus ihrer Plastiktüte und verkündete: »Das ist das Familientaufkleid, in dem du getauft wurdest«, etc. etc.

Sie versicherte ihnen, daß ich es bei der Taufe tragen würde. Als ich es mir genauer anschaute, stellte ich fest, daß es noch geschmackloser als das andere war. Ich glaube, ich werde während der nächsten beiden Wochen für einen Wachstumsschub sorgen müssen, damit mir keines von beiden paßt.

Vierzehnter Tag

Etwas anderes, das sich die letzten paar Wochen entwickelt hat, treibt nun auf den Höhepunkt zu. Obwohl

ich bis vor kurzem keine Haare hatte, bestand sie darauf, meinen Kopf jeden Abend beim Baden zu waschen. Das Ergebnis war, daß das Haarewaschen jedesmal zu einem Wutanfall meinerseits führte.
Jetzt, wo ich wieder Haare habe, sehe ich absolut keinen Sinn darin, mein Benehmen in der Badewanne zu ändern.

Sechzehnter Tag

Sie hat irgend etwas vor. Ich hatte mich beim Baden schon auf den großen Kampf wegen des Haarewaschens eingestellt – freute mich schon auf den üblichen Schreiwettbewerb und ihre mit der Länge des Bades zunehmende Erschöpfung –, als sie mich plötzlich enttäuschte. Sie hat alle anderen Teile gewaschen, meine Haare aber nicht angerührt.
Sie hat wieder ihr Buch gewälzt. Ich wette, daß es dort einen Abschnitt über Kinderpsychologie gibt.

Siebzehnter Tag

Sie hat beim Baden heute wieder genauso reagiert – sie tut so, als hätte ich überhaupt keine Haare. Worauf will sie hinaus?

Ich werde warten und schauen, was sie als nächstes probiert. Wenn sie die Haare vollkommen links liegen läßt, bleibt mir wohl nichts anderes übrig, als mich zu beschweren, wenn sie eins meiner anderen Körperteile wäscht ...

Vielleicht meinen Schniedel ... Wenn sie beim Waschen dorthin kommt, ist sie schon immer leicht nervös. Schreie ich jedesmal, wenn sie mit ihrer Hand in die Nähe kommt, sollte sie eigentlich einen richtigen Komplex bekommen.

Achtzehnter Tag

Habe den Schniedelschreitrick beim Baden ausprobiert, kann aber nur mittelmäßigen Erfolg vermelden. Ich konnte Paranoia in ihren Augen sehen, und sie rannte sofort zu ihrem Buch.

Ich wette, es gibt dort einen Abschnitt über sexuelle Schuldgefühle.

Neunzehnter Tag

Ich arbeite hart an meinem Wachstumsschub.
Das Datum der Taufe rückt immer näher.

Zwanzigster Tag

Sonntag, und wir sind auch diese Woche nicht in die Kirche gegangen. Unglücklicherweise hat der Pfarrer nach dem Mittagessen angerufen. Die Taufe wird ganz sicher stattfinden.

Einundzwanzigster Tag

Habe mich wirklich auf den Wachstumsschub konzentriert. Habe viel feste Nahrung zu mir genommen.

Dreiundzwanzigster Tag

Habe weiter an meinem Wachstumsschub gearbeitet. Die feste Nahrung kommt mir schon aus den Ohren (und aus den üblichen Öffnungen) heraus.

Vierundzwanzigster Tag

Habe gehört, wie meine Eltern darüber stritten, welches Taufkleid ich Sonntag anziehen werde. Er sagte, seines sei schon seit Jahrhunderten in der Familie. Sie erwiderte, so sähe es auch aus. Die Leute, die ihr Kleid vor ewiger Zeit gekauft hätten, hätten wenigstens Geschmack bewiesen ...
Ziemlich boshaft. Ich habe mich rausgehalten und mich auf meinen Wachstumsschub konzentriert.

Fünfundzwanzigster Tag

Sobald er heute morgen ins Büro verschwunden war, hat sie ihr Taufkleid hervorgeholt und versucht, es mir anzuprobieren.
Sie hat es nicht geschafft, mich hineinzuzwängen (mit ein wenig Hilfe meinerseits!).

Als er nach Hause kam, ließ er sie schluchzend alleine und kam nach oben. Er holte sein Taufkleid hervor
und zog es mir an. Ich habe nicht hin-
eingepaßt!   Hurra!
Mein   Wachstums-
schub hat funk-
tioniert!

Sechsundzwanzigster Tag

Eltern!
Sie sind heute morgen in die Stadt gefahren und haben mir ein Taufkleid gekauft, daß noch viel geschmackloser ist als die beiden anderen.

Siebenundzwanzigster Tag

Meine Taufe.
Ich schäme mich so. Es ist eine Scham, die nur von
jemandem in einem geschmacklosen Kleid nach-

empfunden werden kann, der von jemandem in einem ebenso geschmacklosen Kleid großzügig mit Wasser bespritzt wird.
Ich würde ja gerne ausführlicher von diesem schrecklichen Ereignis berichten, aber mir fehlen die Worte.
Ich wußte gar nicht, daß meine Eltern so viele Verwandte haben. Ich bin ganz erschöpft, weil ich sie alle nacheinander anschauen mußte.
Es gibt nur eins, was mich bei der ganzen Sache interessiert – wie alt muß man werden, bis man seinen Namen ändern kann?

Fünfter Monat

Fünfter Tag

Ich muß zugeben, sie ist wirklich süß. Sie versucht mit allen Mitteln, mir mein Leben interessant zu gestalten. Das Problem ist nur, daß diese Anstrengungen sehr geringen Erfolg haben, da sie keine Ahnung hat, wie die Dinge von meiner Warte aussehen.
Nehmen wir zum Beispiel das Essen, das sie mir gibt. Ich rede nicht von dem, was ich mir selbst zapfe, sondern von der festen Nahrung.
Manche Sachen, zumeist irgendwelche Getreidebreis, mischt sie selbst. Andere sind in kleine Gläschen verpackt, und auf dem Etikett ist der Inhalt zu lesen: Eier und Kartoffel ... Leber und Kohl ... Schinken und Pflaume ... und ähnliches Zeug.

Wirklich ergreifend ist die Art, wie sie von dem Inhalt dieser Gläschen spricht – so als hätte ich eine feste Meinung zu dem Thema.

»Essen wir jetzt etwas von dem leckeren Schinken mit Erbsen?« fragt sie und löffelt einen Klumpen beigen Breis in meinen Mund. »Oh, magst du denn deine

Orange und Johannisbeeren nicht?« fragt sie, wenn ich meinen Kopf wegdrehe, um einem weiteren Angriff zu entgehen.

»Mmm, das ist dein Lieblingsessen: Kalbfleisch mit Spinat. Das ist vielleicht gut, nicht wahr?« gurrt sie und öffnet ein weiteres dieser Gläschen.

Was sie nicht versteht ist, daß alle diese Mischungen GENAU GLEICH SCHMECKEN. Egal was auf dem Etikett steht – ob geräucherter Schinken mit Ananasschale, Wild mit kleingehacktem Geweih, Rollmops

86

mit Brie – sie schmecken alle wie aufgeweichte Pappe.
Und die Getreidebreis sind nicht anders: bei denen wundere ich mich immer, warum sie sich die Mühe machen, Verpackung und Inhalt überhaupt zu trennen.

Neunter Tag

Ich hörte, wie sie heute abend sagte: »Ich fange an, mir über die Fähigkeit zur sozialen Interaktion bei unserem Kind Sorgen zu machen.«
Oje, wenn sie so redet, kann das nur eins bedeuten: Sie hat sich wieder mit dem Buch beschäftigt.
»Ach, wirklich?« antwortete er. »Ich dachte, es sei normal.«
Der Unterton war deutlich. Was er wirklich sagen will, ist: »Verdammt noch mal! Kannst du dir nicht eine Minute lang mal keine Sorgen um das Kind machen? Ich habe den ganzen Tag hart gearbeitet. Alles, was ich jetzt möchte, ist ein Bier in aller Seelenruhe und vielleicht nachher ein wenig unkomplizierten Sex. Aber ich möchte sicherlich keine Diskussion über die ›Fähigkeit zur sozialen Interaktion‹ bei unserem Kind.«
Es stellt sich heraus, daß sie mit diesem Kauderwelsch in Wirklichkeit meine Beziehung zu anderen Leuten meint, Menschen in der Welt draußen: Men-

schen, die ich nicht kenne, ja sogar – Gott behüte! – andere Babys.

Seitdem sie das Buch zum ersten Mal aufgeschlagen hat, haben wir nichts als Ärger damit gehabt. Diesmal ist sie aufgeschreckt worden durch die alberne Theorie, Babys, die von Anfang an mit anderen anderen Kindern spielten, würden später zu gesellschaftlich integrierten Menschen, könnten enge emotionale Beziehungen aufbauen, langjährige Ehen eingehen und zweifellos Industriebosse und Verfassungsrichter werden sowie den Nobelpreis oder den Pour le mérite in Empfang nehmen. O Gott.

Sie haben dieses Thema heute abend nicht weiter verfolgt. Er hat es geschafft, sie abzulenken, indem er den Fernseher eingeschaltet hat.

Aber ich kenne sie. Sie wird nicht locker lassen. Wenn sie sich einmal etwas in den Kopf gesetzt hat, denn bleibt es auch dort.

Elfter Tag

Nichts Neues an der FzsI-Front.

Dreizehnter Tag

Immer noch nichts Neues. Aber ich lasse mich nicht einwickeln und gebe mich keiner trügerischen Hoffnung hin. Genau dann, wenn sie glaubt, ich sei nicht darauf vorbereitet, ist nämlich die Wahrscheinlichkeit am größten, daß sie zuschlägt.

Vierzehnter Tag

Ich hatte recht. Heute morgen hat sie mich mit viel Geschwätz wie »Ach, mein Schatz, heute ist ein wunderschöner Tag!« genervt und ist mit mir aus dem Haus geflitzt. Sie hat eine Richtung eingeschlagen, in die wir vorher noch nie gegangen sind.
Und siehe da, sie hat mich in ein Haus gebracht, in dem ein halbes Dutzend anderer Babys herumlag.
Ich habe sofort meine wenig positive Einschätzung der Situation kundgetan, indem ich brüllte wie am Spieß und in die Windeln machte. Das Problem ist, daß sie sich an diese Taktiken gewöhnt hat und in solchen Fällen meine Windel ganz automatisch wechselt. Ich habe weitergeplärrt, als sie mich auf den Boden zwischen all die anderen Babys legte.

Mein Gott, waren die vielleicht langweilig – unfähig, etwas anderes zu tun als zu brüllen wie am Spieß und ihre Windeln vollzumachen. Aber ich habe schnell etwas sehr Wichtiges bemerkt: In dem Raum befanden sich wesentlich weniger Mütter als Babys. Sehr verdächtig. Ich brauchte nur das Wort »einkaufen« zu hören, und da war mir klar, welch teuflischer Plan hinter dieser Aktion steckte.

Diese Mütter versuchten tatsächlich, ZEIT FÜR SICH herauszuschinden. Die Fähigkeit zur sozialen Interaktion war ihnen vollkommen wurscht. In Wirklichkeit ließen sie ihre Kinder allein zurück, um sich selbstvergessen in irgendwelchen luxuriösen Geschäften herumzutreiben.

Manche der Babys fielen ja auf solch einen offensichtlich betrügerischen Trick herein, aber ich nicht. In der Sekunde, als sie sich in Richtung Tür bewegte, verdoppelte ich meine Brüllautstärke.

Ihr Schritt verlangsamte sich jedoch kaum, und so mußte ich auf einen neuen Trick ausweichen, an dem ich im stillen Kämmerlein gearbeitet hatte: Wenn ich schreie und schreie, ohne Luft zu holen, wird mein Gesicht sehr schnell blau.

Hat hervorragend funktioniert. Sie nahm mich in ihre Arme und versuchte, mich zu beruhigen, aber solange sie ihre Niederlage nicht eingestand und mich nach Hause brachte, hörte ich nicht auf.

Ein paar von den anderen Müttern standen um uns herum und äußerten leise ihre Vermutungen, was mir fehlen könnte. Es schien, als ob sie sich auf Blähungen einigen wollten.

Damit war ich recht zufrieden. Es war zwar nicht sehr originell, aber Blähungen und Drei-Monats-Koliken sind in den letzten vier Monaten als Entschuldigung für alles durchgegangen, warum also von einer erfolgreichen Taktik abgehen?

Eine der Mütter wartete jedoch mit einer spannenden Alternative auf. Da ich immer wieder nach meinem Mund griff (so konnte ich meiner Verzweiflung am besten Ausdruck verleihen), vermutete sie, daß ich zahnte. Es wäre an der Zeit, meinte sie.

Daran hatte ich bisher nicht gedacht, aber die Idee gefiel mir. Sie bot noch mehr Möglichkeiten als Blähungen.

Zunächst einmal ist beim Zahnen die Skala der Gefühlsäußerungen nach oben hin offen. Ein Baby, bei dem man Blähungen vermutet, wird hochgenommen und beruhigt. Man klopft ihm auf den Rücken, bis – so funktioniert nunmal das Verdauungssystem – ein Bäuerchen seinen Weg findet. Das bedeutet dann das Ende der Krise sowie die Rückkehr ins Bett.

Ein Baby, das vermeintlich einen Zahn bekommt, hat jedoch viel mehr Optionen. Die einzige Lösung dieser Krise ist das Herauswachsen des Zahns, und das kann sehr lange dauern.

Ja, keine Frage, ab jetzt werde ich die Blähungen aufgeben und mich dem Zahnen widmen.

Heute morgen hat es auf jeden Fall funktioniert. Zehn

Minuten lang ein blaues Gesicht und die Zahnarie, und schon hat sie schmählich aufgegeben und mich nach Hause bringen müssen.

Fünfzehnter Tag

Ich dachte, sie hätte mich verstanden und endlich diese Idee der Fähigkeit zur sozialen Interaktion fallengelassen, nachdem sie gestern so kläglich gescheitert ist, aber nein, sie hatte tatsächlich die Chuzpe, es heute morgen noch einmal zu probieren.

Ich muß wohl kaum erwähnen, daß ich in der Sekunde, als sie mich zwischen die anderen Babys legte, das volle Programm abspulte – blaue Backen und alles, was dazugehört –, aber sie hielt es tatsächlich zwanzig Minuten aus, bevor sie mich nach Hause brachte.

Ihr Widerstand wird immer stärker. Das ist eine durchaus beunruhigende Entwicklung.

Sechzehnter Tag

Sie ist sehr stur. Heute morgen hat sie mich doch tatsächlich **wieder** in dieses Haus gebracht. Und als wir

dort waren, zeigte sie sich von einer bisher nicht gekannten Seite.
Sie verließ mich! Einfach so! Ließ mich auf den Boden zwischen all die anderen, gewöhnlichen Babys plumpsen, ignorierte mein mit allem Drum und Dran inszeniertes Zahndrama und verkündete ruhig: »Ich gehe zum Einkaufen. Das Geschrei hört auf, sobald ich zur Tür hinausgehe.«
Ich habe sichergestellt, daß sie sich zumindest in diesem Punkt irrte. Ich habe weitergebrüllt bis zu dem Augenblick, als sie zurückkam, und ich schrie weiter, bis sie mich hastig hochnahm und sich auf den Weg nach Hause machte. Ich schaffte es auch, eine der Mütter vollzuspucken und den Pullover einer anderen dreckig zu machen, als sie unvorsichtigerweise meine Windel wechseln wollte.
Aber ich bin immer noch schockiert über ihre Gefühllosigkeit. Ich kann nicht dulden, daß sie so ungeschoren davonkommt.

Neunzehnter Tag

Sie hat es wieder getan: Sie hat mich zu all den anderen Babys gesteckt und ist alleine losgezogen.
Und der Gipfel ist, daß sie noch nicht einmal zum Einkaufen ging. (Ich bin ja nicht unmäßig, sondern verstehe, daß sie von Zeit zu Zeit zum Einkaufen gehen muß, um sich mit Gläschen aufgeweichter Pappe, Windeln und anderen notwendigen Dingen zu versorgen.) Aber heute morgen war sie so schamlos und unverschämt, sich die Haare schneiden zu lassen!
Daß sie zum Friseur geht, bringt mir überhaupt nichts. Um ehrlich zu sein, habe ich dadurch einen wirklichen Nachteil, denn ich habe weniger, woran ich ziehen und was ich mit klebriger fester Nahrung verschmieren kann.
Ich muß meine Taktik ändern.

Zwanzigster Tag

Sie wird so lieblos. Heute morgen hat sie mich zur Krippe gebracht und ist weggegangen, ohne mir einen letzten Blick zuzuwerfen. Dann, als sie zurückkam und man ihr erzählte, wie verzweifelt ich während ihrer Abwesenheit gewesen sei, tat sie alles ab und sagte: »Oh, er spielt sich nur auf. Er wird bald darüber hinweg sein.«

Ersteres mag ja noch stimmen, aber sie wird schon sehen, wie falsch ihre zweite Annahme ist!

Dreiundzwanzigster Tag

Habe heute morgen eine neue Methode ausprobiert. Ich habe zwischen all den anderen Babys herumgelungert wie sonst auch und habe mich nicht im mindesten beschwert. Nicht ein Wimmern. Sie verstand dies als ein Zeichen, daß ich wirklich »darüber hinweg war«.

Arme, nichtsahnende Frau!

Ich wartete, bis eines der anderen Babys, das sich ein bißchen besser als die meisten von uns bewegen konnte, zu mir herübergekrabbelt kam und mich aus der Nähe betrachtete. Er streckte mir sein verschlafenes Gesicht entgegen und entwickelte so zweifellos seine Fähigkeit zur sozialen Interaktion – die ihn später an die Spitze des Planungsausschusses der Stadt katapultieren würde.

Ich wartete also den richtigen Moment ab, dann langte ich mit meiner rechten Hand in sein Gesicht. Meine winzigen Nägel hinterließen eine zufriedenstellende Schramme auf seiner Backe, und er fing an zu schrei-

en. Seine bestürzte Mutter nahm ihn sofort hoch. Als meine Mutter von der Kosmetikerin (wieder so ein Zeichen nutzloser Genußsucht) zurückkam, wurde sie recht frostig empfangen.
Ich bin auf dem besten Weg.

Vierundzwanzigster und
fünfundzwanzigster Tag

Wochenende. Habe es damit verbracht, die Katze zu quälen und ihre Vergeltungsmaßnahmen zu studieren. Glücklicherweise hat sie immer noch zuviel Angst vor mir und faßt mich daher nicht an, aber ihre Arbeit mit Pfoten und Krallen war sehr beeindruckend.

Siebenundzwanzigster Tag

Wieder wurde ich bei den anderen Babys abgesetzt, aber ich habe guten Gebrauch von meinen Katzenstudien gemacht:

ERGEBNIS: vier Babys und zwei Mütter mit zerkratzten Gesichtern.

KONSEQUENZ: Sieg auf voller Linie. Als sie von einem weiteren selbstsüchtigen Raubzug (diesmal führte sie der Weg zu Benetton – man sollte es nicht glauben!) zurückkam, bat man sie höflich, mich nicht noch einmal in die Krippe zu bringen. Man hielt mich für einen zerstörerischen Einfluß.

Toll! Ich habe genau die FzsI entwickelt, die ich brauche. Habe mit Interesse festgestellt, daß abends, als er aus dem Büro kam, das Thema nicht erwähnt wurde.

Sechster Monat

Dritter Tag

Seit dem fehlgeschlagenen Experiment mit der Fähigkeit zur sozialen Interaktion benutze ich das Zähnekriegen als eine Entschuldigung für all das, was früher den Blähungen zugeschrieben wurde.

Man kann sich vorstellen, welch ein Schock es für mich war, als ich heute früh durch echte Schmerzen in meinem Zahnfleisch geweckt wurde. Jetzt ist es soweit – ich zahne wirklich. Und so wie es sich bisher anläßt, bin ich nicht besonders begeistert. Noch mehr geärgert habe ich mich dann, als ich sie heute am Telefon zu ihrer Mutter sagen hörte: »O ja, das Baby zahnt immer noch.«

»Immer noch?!« wollte ich schreien. »Ich habe doch gerade erst angefangen!«

Dann berichtete sie noch: »Ich werde mich wohl daran gewöhnen müssen. In meinem Buch über Säuglingspflege steht, daß bei Babys in den ersten zweieinhalb Jahren zwanzig Zähnchen wachsen.«

Zwanzig! Zweieinhalb Jahre! Mein Gott, ich habe noch nicht einmal einen! Wenn sie alle so weh tun, gehe ich vor die Hunde, bevor ich zweieinhalb bin. Zumindest werde ich Sorge tragen, daß ich nicht alleine leide.

Vierter Tag

Habe fast die ganze Nacht damit verbracht zu schreien, zu sabbern und mit meinen Fingern an meinem Mund herumzufummeln. Habe dafür gesorgt, daß keiner von beiden zu viel Schlaf gekommen ist.

Sobald die Läden aufmachten, ist sie zur Apotheke gelaufen und hat irgend so ein Gel gekauft, das man auf das Zahnfleisch schmiert, und eine Flasche mit einer grellrosafarbenen, klebrigen Flüssigkeit, die mir beim Schlafen helfen soll. Man hat ihr geraten, es nur zu benutzen wenn das Kind »wirklich sehr schlecht beieinander« sei. »In diesem Alter genügt ein Teelöffel – auf keinen Fall sollte die Dosierung überschritten werden, denn das könnte gefährlich werden.«

Wir waren noch kaum zu Hause, da rieb sie mir ein bißchen Gel auf das Zahnfleisch. Nutzlos! Der Schmerz war, wenn es hoch kommt, ungefähr eine Minute lang nicht zu spüren. Hat aber gut geschmeckt. Danach wirkte es mit jedem Mal immer kürzer. Als sie mir um Mitternacht ein wenig davon gab, war ich nur eine Nannosekunde lang schmerzfrei.

Fünfter Tag

Um halb drei war sie der Verzweiflung nahe. Sie zog die Flasche mit dem Schlafmittel hervor. Ich habe mich zwar ziemlich angestellt, aber wahrscheinlich hat sie es doch geschafft, mir wenigstens die Hälfte des vorgeschriebenen Teelöffels einzuflößen.

Und es hat funktioniert. Ich habe bis halb neun durchgeschlafen. Dann habe ich natürlich weiter geschrien, gesabbert und mit den Fingern an meinem Mund herumgefummelt.

Jetzt hat sie etwas Neues ausprobiert, das ihr eine Freundin empfohlen hat, die sie vom Krankenhaus her kennt: Beißringe. Sie hat eine Packung dieser kleinen wie Finger aussehenden Dinger mit Bändern gekauft und mir eines an die Brust geheftet. Ich habe ihren Vorstoß mit Nichtbeachtung gestraft und weiter geschrien. Sie schob mir den Beißring immer wieder in den Mund, um mir zu zeigen, wie es funktioniert, aber ich ließ mich nicht darauf ein.

Als er nach Hause kam, startete auch er einen Versuch. Er probierte es auf die lustige und väterliche Tour. Mit dem Beißring in der Hand sagte er: »Schau, ein süßer kleiner Beißring. Lecker!« Um mir zu zeigen, wie es geht, biß er kräftig hinein. Er büßte dabei einen Zahn ein.

Ganz plötzlich wurde er weniger lustig und väterlich. Sie wollte an diesem Abend nicht sofort zum Schlafmittel greifen, aber er bestand darauf. Offensichtlich war er vormittags an seinem Schreibtisch eingeschlafen, und er behauptete, er könne keine ruinierten Nächte (geschweige denn Zähne) mehr ertragen. Er ist nicht der einzige.

Schließlich gab sie gegen zehn Uhr nach. Sie hat es tatsächlich geschafft, mir einen ganzen Teelöffel Schlafmittel einzutrichtern. Ich muß mich nicht richtig konzentriert haben.

Sechster Tag

Bin um halb vier morgens aufgewacht. Habe sofort mit der Zahntour angefangen und den ganzen Tag über durchgehalten.

Diesmal hat sie es nur bis neun Uhr abends ausgehalten. Zwei Teelöffel.

Gerade als ich einschlief, hörte ich mit Genuß, daß sie sich im Schlafzimmer stritten. Ich bekam keine Einzelheiten mit, hörte sie aber sagen, sie sei zu müde.

Der Krach endete damit, daß er aus dem Schlafzimmer stürmte und die Nacht im Gästezimmer verbrachte. Die Nacht. Ich hätte es noch weitaus mehr genossen, wenn mein Zahnfleisch nicht so wund gewesen wäre.

Siebter Tag

Bin um halb vier morgens aufgewacht und habe gleich angefangen. Sie kam mehr tot als lebendig ins Kinderzimmer gewankt und gab mir noch zwei Löffel Schlafmittel.

Weitergeschlafen bis sechs Uhr, dann ging es weiter. Habe den ganzen Tag durchgehalten.
Er kam total erledigt vom Büro nach Hause, schaffte es gerade noch, zu Abend zu essen, und fiel dann um halb neun ins Bett. Im Gästezimmer.
Um neun gab sie mir drei Löffel des Schlafmittels. Ich

schlief bis kurz vor Mitternacht, und dann fing das ganze Chaos von vorne an.

Achter Tag

Kurz nach Mitternacht gab sie mir weitere drei Teelöffel. Ich schlief bis halb vier, dann bekam ich noch einmal drei Teelöffel und wachte um sechs auf.
Den Rest des Tages habe ich wie gestern verbracht.
Sie sehen jetzt ziemlich fertig aus. Habe schon seit einiger Zeit von keinem der beiden mehr etwas von dem Blödsinn über »ein eigenes Leben trotz des Babys« gehört. Heute bekam ich vor Mitternacht sechs Teelöffel des Schlafmittels ...

Neunter Tag

... und sechs Teelöffel nach Mitternacht. Habe wahrscheinlich zwischen den zwei Verabreichungen insgesamt drei Stunden geschlafen. Heute abend ist sie ganz hysterisch geworden und hat ihm an den Kopf geworfen, daß es ungerecht sei, wenn er wenigstens im Büro ein wenig Schlaf nachholen könne, während sie noch total verrückt würde und überhaupt nicht mehr schlafe.

Er wollte das »überhaupt nicht schlafen« gerade witzig umdeuten, als er ihren Blick auffing und sich rasch anders entschied.

Anstatt dessen tat er sehr besorgt und schlug ihr vor, sie könne sofort ins Bett gehen und ein wenig Schlaf nachholen. Er würde sich heute nacht um mich kümmern.

Hm, dachte ich. Wenn er damit so viel Erfolg hat wie mit seinen anderen Versuchen, dem Ideal des »neuen Mannes« näherzukommen ... Er gab mir zehn Teelöffel des Schlafmittels vor Mitternacht ...

Zehnter Tag

... und zehn Teelöffel nach Mitternacht. Ich habe vielleicht ein paar Stunden dazwischen geschlafen.
Um halb fünf war er so verzweifelt, daß er mir einen

großen Schluck von dem Whisky gab, zu dem ich ihn getrieben hatte.

An dieses Zeug könnte ich mich wirklich gewöhnen. Ich habe bis elf Uhr morgens geschlafen und bin mit dem ersten Kater meines Lebens aufgewacht. Das war meinem Benehmen an diesem Tag nicht gerade zuträglich.
Aber um gerecht zu sein, muß ich ihr zubilligen, daß sie recht gut war. Der Schlaf einer ganzen Nacht hatte Wunder gewirkt. Sie war nicht mehr so hysterisch und viel geduldiger. Als er nach Hause kam, sein Essen gegessen hatte und ins Bett gefallen war, sagte sie ihm sogar, sie käme »gleich nach«.
Man muß nicht Sigmund Freud sein, um zu erkennen, was hinter dieser Aussage steckt.
Selbstverständlich mußte ich dem ein Ende setzen. Nicht weiter schwierig – ich brauchte sie nur zehn Minuten im Kinderzimmer aufzuhalten. In dieser Zeit war er bereits tief in den Schlaf versunken, um erst am nächsten Morgen wieder das Bewußtsein zu erlangen.

Sie gab mir in der Nacht mehr als die Hälfte der Flasche mit dem Schlafmittel ...

Elfter Tag

..., aber das Resultat war gleich Null.
Wenn man einmal einen Tropfen Whisky zu sich genommen hat, erscheint einem das andere Zeug ziemlich harmlos.
Um mich zu beruhigen, nahm sie mich schließlich zu sich ins Bett. Das ist es, was ich mir seit nun schon fast sechs Monaten gewünscht habe.
Das Problem ist nur, daß es sich um das Gästebett handelt. Eigentlich möchte ich ja ihr Bett besetzen.
Ich gebe mir noch ein paar Tage Zeit ...

Zwölfter Tag

Es war sehr schön, in ihren Armen aufzuwachen. Das muß zur Gewohnheit werden.
Er war nicht sehr zufrieden. Er hatte sich am frühen Morgen ins Gästezimmer hereingeschlichen und schaute ziemlich belämmert, als er mich neben ihr entdeckte.
Er dachte, ich schliefe noch und drückte sich an sie,

aber sie reagierte ziemlich prüde. Offensichtlich steht in dem Buch, daß es schlecht ist, wenn Babys mitkriegen, wie ihre Eltern bestimmte Dinge tun. Muß für ihre kleinen Psychen ziemlich traumatisch sein.
Ich bin um meine kleine Psyche nicht sehr besorgt. Ich fange jedoch an, mir um seine Libido Sorgen zu machen.

Dreizehnter Tag

Habe heute nacht meine nun schon zur Gewohnheit gewordene Flasche Schlafmittel bekommen, aber habe es geschafft, so untröstlich zu wirken, daß sie mich mit zu sich ins Gästebett nahm. Sehr schön. Da sie ein Nachthemd trägt, ist meine Nahrungsquelle **so** einfach zugänglich. Die letzte Nacht habe ich fast ununterbrochen meinen Bedarf gestillt. So habe ich mir das Leben vorgestellt!

Vierzehnter Tag

Eine Flasche Schlafmittel für die Nacht und dann eine aufregende neue Entwicklung – sie hat mich in **ihr** Bett mitgenommen!

Er schlief schon, als sie mich einschmuggelte, aber ich habe nicht lange gebraucht, um ihn aufzuwecken. Ich kann nicht behaupten, daß er sehr erfreut war, mich zu sehen. Nach ein wenig schlecht gelauntem Grunzen und ein paar Kämpfen um die Bettdecke zog er sich geschlagen in das Gästezimmer zurück.

Mein Feldzug ist von Erfolg gekrönt. Schließlich und endlich geht es mir doch nur um die Erweiterung meines Lebensraums.

Sechzehnter Tag

Eine neue Variation der Schlafordnung. Nach meiner Flasche Schlafmittel (die jetzt nicht mehr Wirkung zeigt als ein Glas Wasser), nahm sie mich um vier Uhr herum mit in ihr Bett.

Er nahm sehr schnell sowie ohne das geringste Anzeichen von Widerstand Reißaus und quartierte sich im Gästezimmer ein.

Als ich ihrer Meinung nach zu unruhig wurde, grunzte und mich zu sehr ausbreitete, beschloß sie, es ihm gleichzutun.

Wie vorauszusehen, interpretierte er ihr unvorhergesehenes Erscheinen in seinem Bett falsch. Es entstand ein kleines Handgemenge, das damit endete, daß er aus dem Gästezimmer stürmte, die Tür zuschlug und sich unten auf die Whiskyflasche stürzte.

Ich strahlte vor Zufriedenheit über meinen Erfolg und schlief in meinem luxuriösen neuen Territorium ein.

Der nächste Morgen war ziemlich lustig. Sie hatten beide verschlafen. Als sie im Gästezimmer aufwachte, ergriff sie die Panik, daß mir etwas zugestoßen sei. Sie rannte in ihr Schlafzimmer, um nach mir zu sehen.

Mir ging es natürlich gut, aber das brauchte sie ja nicht zu wissen. O nein, ich schrie und schrie, bis sie mich schließlich stillte.

Plötzlich merkte sie, daß sie nicht wußte, wo er war. Mit mir auf dem Arm (ich nutzte die Gelegenheit, um fröhlich auf ihrer Schulter Bäuerchen zu machen) suchte sie das Haus nach ihm ab. Schließlich fand sie ihn ganz verknittert in meinem Bett. Sie mußte ihre ganze Kunst aufbieten, um ihn zu wecken. Offensichtlich hatte es der Whisky nicht geschafft, ihn außer Gefecht zu setzen, und so hatte er um halb sechs einen halben Teelöffel von meinem Schlafmittel genommen.

Es dauerte zwanzig Minuten, bis sie ihn endlich wach bekam. Und was für eine schlechte Laune er hatte! Er verließ das Haus viel zu spät und ohne Frühstück. Als er sich draußen noch einmal umdrehte, um ihr zuzuwinken, schrammte er sich das Kinn am Torpfosten auf.

Am Ende des Tages forderte das Schlafmittel seinen Tribut. Er lief im Büro immer wieder gegen die Wand. Zu Hause fiel er mit dem Kopf auf seinen Teller, und sie mußte ihn nach oben ins Bett tragen.

Er war so fertig, daß er noch nicht einmal an Sex dachte.

O ja, heute ist etwas Interessantes passiert. Am späten Nachmittag bemerkte ich plötzlich, daß die

Schmerzen in meinem Mund aufgehört hatten und meine Lippe sich immer in etwas Hartem in meinem Unterkiefer verfingen.

Mein erster Zahn hatte den Durchbruch geschafft!

Sie wurde auf unangenehme Weise mit dem Umstand bekannt gemacht, als sie mich stillte. Um gerecht zu sein, muß ich zugeben, daß sie das Zwicken ignorierte und die dem Ereignis gemäße Aufregung zeigte.

»Oh«, schwatzte sie in ihrer schrecklichen Babysprache, »ist das nicht ein kleines süßes Zähnchen. Und jetzt schläft mein Kleiner die Nächte durch und wird Mama und Papa nicht mehr aufwecken, nicht wahr?«

Manchmal ist sie wirklich schrecklich naiv.

Siebter Monat

Zweiter Tag

Da ich jetzt mehr oder weniger gut sitzen kann (wenn ich dazu aufgelegt bin), füttert sie mich oft im Hochstuhl in der Küche. Das hat Vorteile und Nachteile. Der Nachteil ist, daß ich weniger Möglichkeiten habe, ihr das Essen auf den Pullover zu werfen oder in die Haare zu schmieren etc. als zu der Zeit, als sie mich noch auf ihrem Schoß fütterte.

Auf der anderen Seite hat der Hochstuhl ein nettes kleines Tablett, das sich hervorragend dafür eignet, Essen mit den Ellbogen zu zermatschen. Außerdem kann man mit dem Löffel ausgezeichnet auf die Armlehnen hauen. Bedingt durch seine Höhe ist der Hochstuhl natürlich auch der ideale Ausgangspunkt für fliegende Teller mit klebrigen Breis.

Am frühen Abend, als ich gerade mit dem Essen fertig war, wollte ich zu meinem gewöhnlichen Bäuerchen schreiten (inzwischen ist das nur noch Formsache, denn sie hat es inzwischen heraus, wie man die feindlichen Mündungsfeuer umgeht), als ich plötzlich durch einen unglaublichen und ganz unerwarteten Rülpser überrascht wurde.

Der Effekt war sehr dramatisch. Halb verdautes Essen schoß aus meinem Mund, machte einen großen Bogen und landete mit einem sehr zufriedenstellenden »platsch« ungefähr einen halben Meter entfernt auf dem Küchenboden!

Sie reagierte wie immer, wenn ich mir etwas Neues einfallen lasse: Sie eilte zu ihrem Buch.

Sie war entzückt, als sie die Beschreibung von etwas fand, was man »eruptives Erbrechen« nennt. Genau das war es.

Dritter Tag

Habe den ganzen Tag damit verbracht, herauszufinden, wie ich diesen tollen neuen Trick noch optimieren kann.
Heute abend habe ich es geschafft, den gesamten Inhalt meines Mundes fast sechzig Zentimeter weit zu schleudern.

Vierter Tag

Heute nachmittag habe ich mit meinem »eruptiven Erbrechen« ihre Arbeitsfläche in der Küche erreicht – sie ist mindestens achtzig Zentimeter von meinem Hochstuhl entfernt – und die Katze genau zwischen den Augen erwischt.

Fünfter Tag

Heute habe ich es bis zum Topf auf dem Herd geschafft. Mindestens neunzig Zentimeter. Die vorderen Platten hatten danach eine gründliche Reinigung nötig. Nicht schlecht.

Siebter Tag

Jetzt habe ich die Metergrenze erreicht! Ja, das ist im Moment mein persönlicher Rekord – ich habe es tatsächlich bis zur Küchentür geschafft.
Was den Rekord noch versüßte, war die Tatsache, daß er im richtigen Augenblick durch die Tür hereinkam. Mußte seine Jeans und Turnschuhe wechseln.
Ich frage mich ... wie stehen wohl die Chancen für eine Zulassung des eruptiven Erbrechens bei den

Olympischen Spielen, wenn ich einmal alt genug bin, um teilzunehmen?
Sollte es zugelassen werden, ist mir die Goldmedaille schon sicher.

Zehnter Tag

Heute sind wir zusammen mit einer Freundin von ihr, die auch ein Baby hat, ins Schwimmbad gefahren. Die beiden Mütter haben uns in der letzten Zeit ziemlich unter Druck gesetzt: Wir sollen »Freunde werden«, obwohl es eigentlich offensichtlich sein sollte, daß wir einander nicht ausstehen können.

Als ich zum Beispiel auf dem Weg zum Schwimmbad (widerwillig) in meinem Autositz saß und ihre Freundin daneben das Baby auf dem Schoß hielt, säuselte sie: »Oh, schau mal, wie dein Sohnemännchen sich streckt, um mein Kind anzufassen!« (Dieser Teil stimmte.) Dann ging es weiter: »Oh, du willst ihm wohl ein dickes Küßchen geben, nicht wahr, mein Kleiner?« (Das stimmte nun nicht mehr. Ich wollte dem süßen Kleinen eigentlich nur den Kopf einschlagen.)

Aber sie haben das einfach nicht verstanden und immer weiter davon geredet, wie schön es wäre, wenn wir später einmal »gute Freunde« würden. Ehrlich gesagt, ich weiß nicht, warum ich, wenn ich später einmal Freunde haben werde, bei der Auswahl den Rat meiner Eltern befolgen sollte. Jede Entscheidung, die sie bisher getroffen haben, war verkehrt. Wenn man nur einmal bedenkt, welchen Namen sie für mich ausgesucht haben ...

Als ich noch dort saß, lieferte sie mir wieder ein Beispiel ihres schlechten Urteilsvermögens. »Hast du schon darüber nachgedacht, wann du wieder mit der Arbeit anfangen willst?« fragte ihre Freundin.

Und sie hatte tatsächlich die Unverschämtheit zu antworten: »Ich hoffe, daß ich in ein paar Monaten mit
Teilzeit wieder einsteigen kann.«
Danke für die Warnung, Mama. Das werden wir noch
sehen.
Schwimmen macht mir ziemlichen Spaß. Es bieten
sich gute Möglichkeiten, ihr Wasser ins Gesicht zu
spucken. Natürlich kann ich auf dem Wasser treiben,
aber immer, wenn sie es wagte, mich loszulassen, habe ich mich wie ein Stein auf den Grund sinken lassen. Das Gesicht, das sie machte, als sie mich an die
Oberfläche zerrte, war jede Mühe wert.

Dreizehnter Tag

Das Ergebnis meiner Expedition ins Schwimmbad ist
eine ziemliche Laufnase. Es bringt schon eine Menge
Zufriedenheit, wenn man immer eine Spur Schnodder
hinter sich herziehen kann. Es macht mir auch Spaß,
ihn auf ihren Schultern, dem Teppich, den Möbeln,
der Tapete usw. zu verreiben.
Heute habe ich mein erstes Buch bekommen. Es hat
noch keinen Text, nur das Alphabet mit bunten Bildern.
»Wer hat denn da sein erstes großes Buch bekommen?« gurrte sie. (Ich wünschte, sie würde endlich

mit diesen rhetorischen Fragen aufhören. Es sollte doch jedem, der auch nur die geringste Intelligenz aufweist, klar sein, wer das große Buch bekommen hat, wenn man denjenigen fragt, dem man es gerade gegeben hat.)

»Liest du jetzt schön in deinem großen Buch?« sagte sie zuckersüß und ließ mich mit dem Buch allein.

Ich habe das Buch nicht gelesen. Seit wann kann man Bilder lesen?!

Aber ich habe den Umschlag abgerissen, vier Seiten zerfetzt und drei andere ordentlich zerkaut. Ich habe A wie Apfel und B wie Ball gegessen … Sie haben genauso geschmeckt wie die aufgeweichte Pappe, die ich ständig bekomme.

Sechzehnter Tag

Noch eine Neuerung in meinem Leben. Eine Freundin mit vielen Kindern hat uns ihren Laufstall geliehen. Ich kann nicht behaupten, daß mir der Anblick gefällt. Er ist ziemlich vorsintflutlich: ein furchtbares Ding aus Holz mit Gitterstäben, von denen die ganze Farbe abgelutscht ist – von den vorhergehenden Insassen, nehme ich an.

Bis jetzt hat sie ihn mir nur gezeigt. »Wer hat denn da einen neuen Laufstall bekommen? Gefällt dir denn der süße kleine Laufstall?«

Wie alles Neue in meinem Leben habe ich auch den Laufstall mit solch lauten Schreien begrüßt, daß sie es nicht einmal wagte, mich hineinzusetzen.

Aber ich kenne sie – sie wird es immer wieder versuchen.

Siebzehnter Tag

Das war sicher wie das Amen in der Kirche: Heute morgen hat sie mich in den Laufstall gesetzt.

Ich habe geschrien und versucht ihr klarzumachen, daß ich zu jung bin, um die Welt durch Gitter zu sehen, aber wie üblich hat sie nicht verstanden, was ich ausdrücken wollte.

»Ja, das muß ja wirklich frustrierend für meinen Kleinen sein«, bemerkte sie. »Der Laufstall wird dir besser gefallen, wenn du dich mal darin bewegen kannst.«

Die Chance meines Lebens.

Auf der einen Seite des Laufstalls gibt es eine Art kleinen Abakus mit bunten Plastikperlen. Als sie mich heraushob, habe ich eine Hand danach ausgestreckt,

127

und sie hat mich ermutigt, damit zu spielen: »Will mein kleiner Süßer denn mit den kleinen Perlchen spielen?«

Nein, ich wollte nicht mit ihnen spielen. Ich wollte nur ausprobieren, wie sie befestigt waren. Sehr zu meiner Zufriedenheit fand ich heraus, daß sie wie die beiden Gitterstäbe daneben recht lose in der Verankerung steckten.

Das ist gut zu wissen für den Fall, daß ein Ausbruch aus dem Laufstall notwendig werden sollte.

Achtzehnter Tag

Der Laufstall ist in dem Schrank unter der Treppe verstaut, aber so lasse ich mich nicht hinters Licht führen. Ich weiß, daß sie ihn irgendwann wieder hervorholen werden, und wenn sie es tun, dann bin ich darauf vorbereitet!

Einundzwanzigster Tag

Ich habe einen neuen Trick entwickelt: Ich halte das Gleichgewicht, wenn ich mich auf beiden Knien und mit nur einer Hand abstütze. Meine Eltern beeindruckt dieser Durchbruch mehr als mich. Es muß zu irgend etwas nütze sein, aber zu was, habe ich noch nicht herausgefunden.

Zweiundzwanzigster Tag

Ich hab's! Ich kann jetzt das Gleichgewicht halten und nach Dingen greifen, die vorher unerreichbar für mich waren. Hervorragend!
Nach dem Frühstück ließ sie mich in der Küche allein, und ich habe es geschafft, mit einer Hand den Schrank mit den Töpfen zu öffnen und alle herauszuziehen. Leider ist nichts kaputtgegangen, aber der Krach hat die Anstrengung wettgemacht.

Sie war hin und her gerissen zwischen Bewunderung meines Könnens und Ärger über das von mir veranstaltete Chaos.

Dreiundzwanzigster Tag

Ein weiterer Triumph für meinen Ein-Hand-Trick.
Nach dem Mittagsschlaf ließ sie mich im Wohnzimmer allein, und ich habe es geschafft, den ganzen Nippes aus dem unteren Teil des Regals herauszuziehen. Es ist zwar nicht alles kaputtgegangen, aber für den ersten Versuch war es schon ganz gut.

ERGEBNIS: 3 Porzellanfiguren,
2 Krüge, die sie auf ihrer Hochzeitsreise nach Mallorca gekauft hatten,
1 graviertes Weinglas, das sie zu ihrem einundzwanzigsten Geburtstag bekommen hatte.

(Leider mußte ich feststellen, daß die Porzellanfiguren ein Hochzeitsgeschenk von seinem Patenonkel waren. Sie hatten diese Dinger nie gemocht und waren froh, sie los zu sein. Nächstes Mal habe ich hoffentlich mehr Glück).
Diesmal war sie nicht mehr hin und her gerissen zwischen Bewunderung meines Könnens und Ärger über das von mir veranstaltete Chaos.

Vierundzwanzigster Tag

Verfeinere meinen Ein-Hand-Trick noch weiter.
Als sie ans Telefon ging, ließ sie mich im Schlafzimmer allein, und ich schaffte es, die Tür zu ihrem Schrank zu öffnen und eine Unmenge Kleider, Blusen, Röcke etc. herunterzuziehen. Ziemlich viele zerrissen dabei.

ERGEBNIS: zerrissen – 3 Kleider, 2 Röcke, 1 Seidenjacke;
versabbert – 2 Kleider, 1 Kostüm, 1 Paar Leggings, 2 Jeans.

Sie zeigte keinerlei Bewunderung meines Könnens, sondern unter Tränen eine Menge Ärger über das von mir veranstaltete Chaos.

Fünfundzwanzigster Tag

Ein weiterer einhändiger Triumph.
Als sie mich in seinem Arbeitszimmer allein ließ, brachte ich es fertig, alle Bücher aus den untersten beiden Reihen des Regals zu ziehen, in dem er seine Erstausgaben aufbewahrt (eine Sammlung, die er von seinem Großvater geerbt hat).

Habe entdeckt, daß die Bücher der Erwachsenen genau wie mein großes Bilderbuch Umschläge haben, die sich leicht abreißen, und Seiten, die sich schnell zerfetzen lassen.

ERGEBNIS: 2 James Bonds,
              1 Graham Greene,
              1 Kingsley Amis.

Er hatte überhaupt kein Problem, sich zwischen Bewunderung meines Könnens und Ärger über das von mir veranstaltete Chaos zu entscheiden.

Siebenundzwanzigster Tag

Er denkt wirklich immer nur an das Eine. Heute abend hat er es wieder versucht. Von meinem Bett aus konnte ich Tuscheln und das Rascheln von Stoff im Schlafzimmer hören.
»Hm, sie sehen noch ziemlich gut aus«, flüsterte er.
Einen Moment lang wußte ich nicht, was er meinte, aber seine nächsten Worte schränkten die Interpretationsmöglichkeiten erheblich ein.

»Sie werden wohl kleiner werden, wenn ich abstille.«
Dann hörte ich, wie er sagte: »Wann wirst du denn mit
dem Stillen aufhören? Er scheint das Zufüttern gut zu
vertragen – den Flecken auf den Möbeln und der Tapete nach zu urteilen, sogar sehr gut.«
»Na ja«, antwortete sie vernünftig, »ich möchte nächsten Monat mit dem Abstillen anfangen ...«
Ach ja? Das werden wir ja sehen!
»... Ich meine, so nach und nach. Es wird wohl ein
paar Monate dauern, bis das Kind ganz ohne Brust
auskommt ...«
Es ist kaum zu glauben. Ein paar **Jahre** kommt dem
schon eher näher. Ich habe ihnen noch eine Minute
Zeit gelassen, und dann den ersten O-mein-Gott-es-
könnte-Gehirnhautentzündung-sein-Schrei   losgelas-
sen.

Achter Monat

Erster Tag

Habe einen neuen Trick. Seit ein paar Wochen kann ich Dinge zwischen Daumen und Zeigefinger nehmen, aber jetzt schaffe ich es, auch noch zuzudrücken. In der Tat kann ich meine Finger wie einen kleinen Schraubstock benutzen.
Zuerst waren sie sehr beeindruckt. »Oh, schau mal, wie fest du schon zupacken kannst! Bist du nicht ein cleveres kleines Kerlchen?« (Wie ich jemals lernen soll, ordentlich zu reden, wenn ich immer nur diesen Quatsch höre, ist mir ein Rätsel.)

Sie waren weniger beeindruckt, als sie merkten, daß ich das, was ich einmal in meine schraubstockartigen

Finger bekommen hatte, so schnell nicht mehr losließ.

Der neue Trick kommt besonders beim Essen gut zur Geltung. Wenn ich Gemüse oder Obst in die Finger kriege, ist es nur eine Frage von Sekunden, bis ich daraus eine matschige Masse gemacht habe, die sich zum Verschmieren auf Wänden, Möbeln, Besuchern, der Katze etc. geradezu anbietet.

Auch im Supermarkt ist es wunderbar. Von meinem Thron am Ende des Einkaufswagens aus kann ich problemlos nach hinten greifen und all den Kram packen und drücken, den sie einkauft. Dinge wie Joghurt oder Käseecken sind am besten. Zwar zeigen die Verpackungen immer Zeichen von Widerstand, aber schließlich zerplatzen sie sehr zufriedenstellend. Heute morgen habe ich es geschafft, Aprikosen- und Johannisbeernachtisch über alles zu schütten.

Mein schraubstockartiger Griff funktioniert auch bei Haaren sehr gut. Er hat nicht genug, als daß es sich lohnen würde, aber ihre Haare sind ideal. Ich versuche immer eine Handvoll zu erwischen, wenn sie mich hochnimmt. Wenn ich mich einmal festgekrallt habe, lasse ich nicht wieder los.

Heute habe ich ihr vier große Büschel ausgerissen.

Das Ende vom Lied ist, daß sie sich um ihr Aussehen noch mehr sorgt als jemals zuvor. Breite Hüften, Schwangerschaftsstreifen, immer weiter herunterhängender Busen … und jetzt auch noch Löcher in den Haaren. In der letzten Zeit ist immer seltener die Rede davon, daß sich ihr Leben durch die Geburt eines Kindes nicht verändern würde.

Zweiter Tag

Habe den Schwanz der Katze heute morgen in meinen Schraubstockgriff genommen. Sie war nicht glücklich darüber.

Aber offensichtlich zeigte die Androhung von schrecklichen Dingen für den Fall einer weiteren Kratzattacke schreckliche Wirkung: Sie wehrte sich nicht, sondern jaulte nur erbarmungsvoll.

Nach ungefähr zwanzig Minuten hörte meine Mutter den Krach und kam herein, um zu schauen, was dort vorging. Ich löste meinen Griff gerade rechtzeitig (das hatte ich vorher noch nie geschafft) und fing an zu heulen. Die Katze wartete noch nicht einmal darauf, die Schuld zugeschoben zu bekommen, sondern schoß zielstrebig durch die Katzentür nach draußen. Bisher ist sie noch nicht wieder aufgetaucht. Das war knapp.

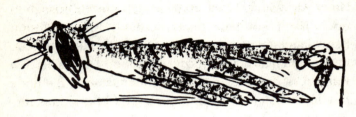

Vierter Tag

Bin heute früh aufgewacht und wollte gerade meinen Schrei zum Sammeln loslassen, als ich hörte, wie meine Eltern miteinander sprachen. Und zur Abwechslung hatte es nichts mit Sex zu tun. Natürlich redeten sie über mich.
»Ich fange heute damit an«, verkündete sie.
»Womit?« fragte er, noch nicht ganz wach.
»Mit dem Abstillen.« Ich war sofort hellwach. »Ich werde mittags nicht mehr stillen. Ich gebe ihm nur noch morgens und abends vor dem Schlafengehen die Brust und ansonsten eine Flasche.«
Das werden wir schon sehen.
Mein Einwand, was das Abstillen anbetrifft, ist nicht, daß ich die Flasche nicht mag. Ich bekomme sie seit

dem ersten Monat ab und zu und finde den Geschmack von dem Zeug eigentlich ganz gut.

Nein, wogegen ich etwas habe, ist die Herausforderung, die das Abstillen für meine Macht darstellt. Das Konzept einer sich frei bewegenden Mutter – vielleicht, Gott verhüte es, sogar einer berufstätigen Mutter –, die mich über lange Zeiträume allein lassen kann, ist einfach ganz anders als die jetzige Situation, in der sie im Grunde genommen an mich gekettet ist, weil sie mich den ganzen Tag stillen muß.

Deshalb befürchte ich, daß die Idee des Abstillens zum Scheitern verurteilt ist, bis ich – voraussichtlich in zwei oder drei Jahren – feststelle, daß das ständige Stillen mit **meinem** gesellschaftlichen Leben nicht vereinbar ist, und dann werde **ich** die Entscheidung treffen, es einzustellen.

Wie auch immer, ich habe es mir natürlich nicht anmerken lassen, daß ich Bescheid wußte – ganz im Ge-

genteil: Nach nur wenigen Sekunden an der Brust tat
ich ganz uninteressiert, und zum Frühstück schlang
ich einige Teller Getreidebrei der Geschmacksrich-
tung aufgeweichte Pappe herunter.

Mittags kam dann der spannende Augenblick. Als ich
nach meinem Gläschen Lamm und Spinat (glaube ich
jedenfalls – es ist schwierig, das genau zu sagen) eine
Flasche anstelle der Brust angeboten bekam, habe
ich zum Steinerweichen geschrien.

Und ich schaffte es, zusätzlich zu den Tränen noch
ein bestürztes und vorwurfsvolles Gesicht aufzuset-
zen. Wie immer zahlte sich die emotionale Erpressung aus, und fünf Minuten später hing ich an der
Brust.

Nachmittags machte sie noch einen zweiten schwa-
chen Versuch, gab aber noch schneller auf als mittags.

Abends hörte ich dann voller Zufriedenheit von meinem Bett aus, wie sie zu ihm sagte: »Nein, ich fürchte,
es ist noch zu früh für's Abstillen. Ich glaube, ich muß
mir noch ein paar Monate Zeit lassen.«

Diese Runde geht an mich, denke ich.

ICH	36
SIE	2

Sechster Tag

Sehr anrührend finde ich, daß sie glauben zu verstehen, was ich denke. Und dabei liegen sie fast immer zu hundert Prozent daneben.
Heute abend, zum Beispiel, kamen beide an mein Bett, um ihr Gute-Nacht-Gurren abzuliefern. Es war noch hell, und sie sahen, wie ich dieses abscheuliche Mobile mit den flauschigen Krokodilen anstarrte, das seit sieben Monaten wie der Fluch meines Lebens über mir hängt.
Sie flüsterte ganz reizend: »Sind deine kleinen Krokodile nicht einfach zum Reinbeißen süß?«
Ich weiß nicht. Ich verstehe, warum Konflikte und Mißverständnisse zwischen den Generationen eine so lange Tradition haben. Eltern sind einfach so UNGLAUBLICH DÄMLICH.

Achter Tag

Heute stand der wichtige Besuch in der Klinik anläßlich meiner Vorsorgeuntersuchung an.
Heute morgen beim Frühstück saß ich auf dem Boden neben dem Küchentisch, als ich hörte, wie sie mit ihm darüber sprach. »Ich glaube nicht, daß wir irgendwelche Probleme haben werden«, sagte sie leichtfertig. »Das Kind entwickelt sich genau wie es sollte und wie es in meinem Buch steht.«
»Gut«, antwortete er geistesabwesend hinter seiner Zeitung.
»Und ich lasse mich durch das, was letztes Mal passiert ist, nicht entmutigen. Ich werde ganz bestimmt das Abstillen noch einmal versuchen.«
»Gut«, gab er zurück.
»Dann müßte ich eigentlich Teilzeit arbeiten können – genau wie geplant.«

Ich weiß nicht. Wann werden sie endlich verstehen, daß ich jetzt derjenige bin, der hier die Pläne macht? Ich mußte schnell überlegen und kam auf einen Plan, den ich sofort in die Wirklichkeit umsetzte, indem ich ganz ungeschickt gegen das Bein des Küchentischs fiel. So entstand genau das, was ich gewollt hatte: eine blutende Lippe und eine Beule auf meiner Stirn, so groß wie ein Golfball. Ganz schön clever!

Als wir im Krankenhaus ankamen, mußten wir eine ganze Weile im Warteraum sitzen. Ich vertrieb mir die Zeit, indem ich mich gerade hinsetzte, mit den Armen wedelte, mit meinem Schraubstockgriff Dinge vom Boden aufhob, mit irgendwelchen Spielzeugen auf der Stuhllehne herumhämmerte und leise gurgelnde Geräusche von mir gab, die fast wie Sprache klangen. Dann gingen wir hinein zum Arzt. Ich wurde still und schlaff, als sie mich auf den Tisch setzte.

Der Arzt sah mich kurz an und reagierte genau, wie ich gehofft hatte. »Wie ist denn das Kind zu dieser Beule und der aufgeplatzten Lippe gekommen?«

»Es ist gegen den Küchentisch gefallen«, antwortete sie und klang sehr schuldbewußt.

»Ach so«, bemerkte der Arzt und notierte im Geiste etwas auf seiner Karteikarte. »Und wie schaut es mit der Entwicklung aus? Kann das Kind schon alleine sitzen?«

»Ja, natürlich«, antwortete sie und nahm ihre Hände, die mich bisher gestützt hatten, von mir.

Ich kippte langsam zur Seite.

145

»Ach so«, sagte der Arzt wieder. »Na ja, jetzt werden wir mal sein Gehör testen.«
Ich muß zugeben, daß es nicht einfach war, ernst zu bleiben. Es hat schon etwas sehr Albernes an sich, wenn ein erwachsener Mann in einem Raum herumläuft und von allen möglichen verschiedenen Stellen aus etwas flüstert. Und es ist schwierig, nicht zu reagieren, wenn jemand seine Lippen direkt an dein Ohr hält und hineinbrüllt.
Aber ich habe durchgehalten. Nicht das kleinste Zukken. Ich lag einfach nur still und teilnahmslos da, bis er ein weiteres »Ach so« hören ließ und etwas auf seinem Block notierte.
Und ich weiß beim besten Willen nicht, was er von mir wollte, als er irgendwelche blöden bunten Dinge vor mir hin und herschwenkte und seinen Kopf immer wieder hinter irgendwelchen Sachen hervorstreckte. Aber auch diesen Test bestand ich mit Bra-

vour – ich lag einfach nur da und starrte teilnahmslos vor mich hin.

»Ach so.« Er vertraute seinem Block weitere Notizen an.

Dasselbe geschah, als er versuchte, mich dazu zu bringen, irgendwelche Sachen aufzuheben. Ich widerstand der Versuchung, die Dinge, die er in meine Richtung schob, in die Hand zu nehmen und schaute apathisch ins Leere.

»Normalerweise kann er das sehr gut«, sagte sie nervös. »Er nimmt alles in die Hand. Das ist in diesem Monat sein neuer Trick.«

Der Doktor sah sie lange an. Bei aller Bescheidenheit muß ich doch sagen, daß die Beule und die aufgesprungene Lippe ein Geistesblitz waren. Es bestand keine Chance, daß er auch nur irgend etwas von dem glauben würde, was sie sagte, nachdem er mich so gesehen hatte.

Er gab schließlich seine Bemühungen auf, mir eine Reaktion zu entlocken und konzentrierte sich auf sie. Ich muß gestehen, daß sie das Krankenhaus weinend verließ.

Man könnte das grausam nennen, aber ich mußte einfach diesem Gerede über Teilzeitarbeit ein Ende bereiten. Und ich glaube, daß ich es geschafft habe.

Um sie auf dem Weg nach Hause aufzumuntern, setzte ich mich gerade hin, wedelte mit den Armen, nahm alles in die Hand, das in Reichweite meines Schraubstockgriffs kam, hämmerte mit irgendwelchen Spielzeugen auf dem Kindersitz herum und gab leise gurgelnde Geräusche von mir, die fast wie Sprache klangen.

Vierzehnter Tag

Seit einiger Zeit mache ich Versuche mit diesem Fortbewegungsmist und habe gute und schlechte Nachrichten.

Die gute Nachricht ist, daß ich es schaffe, mich fortzubewegen, d. h. nach beträchtlicher Anstrengung bin ich schließlich woanders als vorher.
Die schlechte Nachricht ist jedoch, daß ich offenbar keinerlei Kontrolle über die Richtung habe, in die ich mich bewege.
Daran muß ich weiter arbeiten. Ich bin jetzt an dem Punkt angelangt, daß ich alles in Reichweite Befindliche zerstört habe, und meine Eltern sind schlauer geworden: Sie lassen mich jetzt in der Mitte eines Zimmers liegen und nicht mehr am Rand in der Nähe von Regalen, Schränken etc.
Wenn ich also dem Pfad der häuslichen Zerstörung,

den ich mir vorstelle, weiter folgen will, hat das Erlernen des Krabbelns absolute Priorität.

Fünfzehnter Tag

Ich hasse es, wenn mich Leute beobachten, während ich etwas Neues ausprobiere.

Es geschah heute nachmittag. Ich war gerade im Wohnzimmer und startete noch einmal einen Fortbewegungsversuch. Ich hatte versucht, mich auf Hände und Knie zu stützen, aber es ist tatsächlich schwerer als es klingt.
Dann stemmte ich meinen Oberkörper und versuchte, durch Hin- und Herschaukeln den Rest von mir in Bewegung zu bringen. Das Ergebnis war eine geringfügige Veränderung meiner Position, aber die Richtung, in die ich mich bewegte, war wieder gänzlich ziellos.
Eigentlich war es noch schlimmer als ziellos, denn ich bewegte mich genau in die entgegengesetzte Rich-

tung. Ich hatte ein Auge auf ein Tablett mit Gläsern geworfen, das sie auf dem Boden hatte stehen lassen. Sie wollte die Gläser gerade einräumen, als das Telefon klingelte. Ich verspürte einen unwiderstehlichen Drang, dorthin zu gelangen und sie zu zertrümmern. Es ist leicht vorstellbar, wie wütend ich war, als ich bemerkte, daß all meine Anstrengungen mich weiter von den Gläsern entfernten anstatt mich ihnen näherzubringen. Ich bewegte mich tatsächlich rückwärts! Ein leises Kichern, das von der Tür kam, machte die Sache nur noch schlimmer. Ich drehte den Kopf und sah, wie sie durch den Türspalt spähte und tatsächlich über mich lachte.

Wie konnte sie das nur tun?!

Sechzehnter Tag

Lag heute morgen in meinem Bett und fragte mich, ob es richtig war, so viel Energie auf das Krabbeln zu verschwenden. Vielleicht sollte ich mich auf eine andere Errungenschaft meiner Entwicklung konzentrieren – Sprechen zum Beispiel.

Sprechen ist logischerweise ziemlich praktisch. Mir gefällt die Vorstellung, ihnen **sagen** zu können, was ich von ihrem Benehmen halte, anstatt meinen Widerspruch durch Heulen und Verdauungsbewegungen kundzutun.

Aber nach ein paar Minuten des Nachdenkens entschied ich mich dagegen. Wenn ich plötzlich zu sprechen anfinge, würden sie einen solchen ZIRKUS VERANSTALTEN.

Sie verfolgt jetzt schon jeden kleinsten Fortschritt, indem sie mich mit dem Allzweckstandardbaby in diesem Buch vergleicht. Wenn ich etwas täte, das wirklich aus dem Rahmen fällt – etwa mit acht Monaten zu sprechen – würde ich mein Leben lang davon hören. Sie wäre überzeugt, ein Genie in die Welt gesetzt zu haben; ich müßte Beratungen bei Kinderpsychologen, Erziehern und Vereinen für begabte Kinder über mich ergehen lassen ... und, um ehrlich zu sein, ich glaube nicht, daß ich diesen Ärger ertragen würde. Nein. Ich bleibe lieber normal – tue einfach, was vernünftige Babys schon seit Generationen tun und entwickle mich mit einem Tempo, das für Eltern normalerweise annehmbar ist. Nichts geht über ein ruhiges Leben.

Siebenundzwanzigster Tag

Meine Kontrolle über das Krabbeln wird immer besser. Ich kann jetzt schon mehr oder weniger die von mir gewünschte Richtung einschlagen, indem ich beide Hände benutze und meine untere Hälfte hin und her schwenke. Es ist nicht einfach, es ist sicher nicht elegant, aber ich bleibe dabei. Solange ich mich nicht richtig bewegen kann, bleiben die Möglichkeiten, Unheil anzurichten, sehr beschränkt.

Achtundzwanzigster Tag

Habe es tatsächlich geschafft, mich so weit durch das Zimmer zu bewegen, daß ich am Kabel der Tischlampe ziehen konnte und sie so krachend auf den Boden beförderte. Leider ist sie nicht zerbrochen, aber ich tröstete mich mit dem Gedanken, daß die Birne wohl im Eimer wäre.

Blöderweise blieb ich, wo ich war, nämlich auf dem Boden gleich neben der Lampe, so daß sie, als sie ins Wohnzimmer kam, blitzschnell erfaßte, was geschehen war. Sie nannte mich ein ungezogenes Kind, stellte dann die Lampe wieder auf den Tisch und testete den Schalter. Zu meinem großen Verdruß ging das Licht an.

Neunundzwanzigster Tag

Heute morgen konnte ich einen weit erfolgreicheren Zerstörungsversuch vermelden. Die Katze lag auf dem Sofa im Wohnzimmer, als ich wie ein Wurm zu dem Tisch mit der Glasvase und den Blumen kroch. Als ich endlich am Tisch angekommen war, griff ich nach einem der Beine und begann wie wild daran zu rütteln. Das Unternehmen dauerte zwar eine Weile, aber die Vase hüpfte Zentimeter um Zentimeter auf der Oberfläche entlang, bis sie schließlich herunterpurzelte. Es geht nichts über das Geräusch von zerbrechendem Glas. Die Blumen waren auf dem Teppich verstreut, und das Wasser ergoß sich überall.

Ich schaffte es in Rekordzeit, auf die andere Seite des Zimmers zu kriechen und nahm schnell eine Rassel in Form eines Lutschers in die Hand. Seit mindestens fünf Monaten versucht sie schon, mich dafür zu interessieren, und der Moment schien mir geeignet, sie auszuprobieren. Ich steckte sie in den Mund und begann, darauf herumzukauen.

Meine Zeitplanung war genau richtig. Ich hatte mich gerade in die richtige Stellung gebracht, als sie hereinkam. Angesichts der zerbrochenen Vase wurde sie leichenblaß und schaute unentschlossen von mir zur Katze, von der Katze zu mir.

Ich freue mich, sagen zu können, daß sie den richtigen Schluß zog. Die Katze wurde ordentlich versohlt, befreite sich schließlich, stürzte durch die Katzentür nach draußen und verbrachte eine weitere Nacht ohne Abendessen und mit dem Gefühl, daß sie niemand versteht.

Hehe!

Neunter Monat

Fünfter Tag

Ich habe heute morgen beschlossen, daß ich auch nicht annähernd genug Ärger beim Anziehen mache. Ich kann es fast nicht glauben, daß ich so lange gebraucht habe, um mir darüber klar zu werden. Schließlich habe ich mich schon seit Einführung des Kindersitzes immer besonders angestellt – um genau zu sein, habe ich dafür das, was ich die »Seesternposition« nenne, ausgearbeitet.

Die Seesternposition ist – man möge mir die kleine Abschweifung verzeihen – sehr einfach. Man muß nur die Wirbelsäule so steif wie möglich machen sowie Arme und Beine von sich strecken, bis man die Form eines Malteserkreuzes erreicht hat. So ist ein Anschnallen fast unmöglich.

Wie dem auch sei – ab sofort werde ich eine ähnliche Technik entwickeln, um mich gegen das Anziehen zur Wehr zu setzen. Es geht eigentlich nur darum, sicherzustellen, daß kein Gliedmaß durch die Öffnung in der Kleidung geht, die von den Eltern angepeilt wird. Außerdem muß sichergestellt sein, daß jedes Körperteil, das unbeabsichtigt in einem Ärmel oder Hosenbein endet, so schnell wie möglich wieder herausgezogen wird (ideal ist ein gleichzeitiges Drehen und Winden, um das Kleidungsstück hoffnungslos zu verwurschteln).

Dieser Prozeß sollte durch soviel Schreien, Spucken, Bäuerchen machen und Kratzen wie möglich begleitet werden.
Ich muß sagen, daß es heute morgen wie geschmiert funktioniert hat. Normalerweise braucht sie fünf Minuten, um mich anzuziehen; heute morgen waren es zwanzig.

Und ich glaube, wenn ich meine Technik noch verfeinere, könnte ich bald eine halbe Stunde schaffen. Vielleicht sogar mehr.

Aber man muß ihnen immer einen Schritt voraus sein: Verfolgt man dieses nervenaufreibende Benehmen zu lange, neigen Eltern dazu, bei ihren Versuchen, das Kind anzuziehen, immer mehr Gewalt anzuwenden.

Und wenn es zu einem Messen der Kräfte kommt, gewinnen sie. Sie sind größer und stärker – und man kann nicht viel dagegen tun. Was man jedoch tun kann, ist sicherzustellen, daß sie glauben, sie hätten einem WIRKLICH WEHGETAN. Das Schreien muß verdoppelt werden, wenn das letzte Körperteil in die richtige Richtung bewegt wird, und dann sollte man es plötzlich kraftlos herunterhängen lassen. Sollten sie versuchen, es zu bewegen, muß man es schlapp lassen, aber bei jeder Berührung sollte man Schreie der Pein vernehmen lassen.

Eltern haben wenig Selbstvertrauen. Sie lassen sich leicht verwirren, und ihre Vorstellung füllt sich leicht mit Bildern von einer Fahrt ins Krankenhaus, ungläubigen Blicken der Ärzte und Horden von Sozialarbeitern, die ins Haus kommen, um einen auf die schwarze Liste zu setzen. (Man denke nur daran, wie erfolgreich das Verhalten bei der Vorsorgeuntersuchung war.)

Ja, man kann den Eltern wirklich einen Mordsschreck einjagen – das ist überhaupt kein Problem.

Zehnter Tag

Ihre Freundin und das Baby – Sie wissen schon, die zwei, mit denen ich Schwimmen war – sind heute schon wieder aufgetaucht. Die beiden Mütter sind – wie schrecklich rührend – immer noch ganz versessen darauf, daß wir »Freunde« werden.
Seit unserer letzten Begegnung haben sich die Voraussetzungen jedoch sehr zu meinem Vorteil verändert. Meine neue Beweglichkeit erlaubt es mir, nahe genug heranzukommen, richtig auszuholen und den Tölpel aus dem Gleichgewicht zu bringen. Sie blieben nicht lange.
Offensichtlich ist meine augenblickliche Fortbewegungsart als »robben« bekannt – das meint sie jedenfalls. Sie gibt den Dingen gerne Namen, und noch besser ist es, wenn diese Namen mit dem Stichwort in dem berühmten Buch übereinstimmen.

Elfter Tag

Heute ist etwas geschehen, was ich schon seit einiger Zeit befürchtet habe und was mich meiner hart erkämpften Freiheit beraubt. Sie hat den Laufstall aus dem Schrank unter der Treppe hervorgeholt und mich hineingelegt.
Ich habe mir die Lunge aus dem Hals geschrien, aber ohne Erfolg.

Zwölfter Tag

Bin heute morgen wieder in den Laufstall eingesperrt worden.

Es ist unmenschlich, jemanden ohne Gerichtsverhandlung in einem Raum festzuhalten, der nicht größer als ein Quadratmeter ist.

Ich frage mich, wie man wohl mit Amnesty International Kontakt aufnimmt.

Vierzehnter Tag

Habe das Plastikspielzeug, die Rasseln und all den anderen Mist, den mein Wärter mir zum Spielen in die Zelle geworfen hat, ignoriert und mich statt dessen auf die kleinen Holzperlen konzentriert, die an der Seite des Laufstalls wie ein Abakus befestigt sind.

Sie werden von Mal zu Mal lockerer. Es wird lange dauern, aber ich werde nicht nachlassen.

Ich würde ja ein Ausbruchkomitee gründen, aber das erscheint mir ein wenig dämlich, da ich ja das einzige Mitglied wäre. Vielleicht sollte ich die Katze auffordern, beizutreten.

Sechzehnter Tag

Der Gedanke, aus dem Laufstall auszubrechen, ist durch die Entwicklung einer neuen Fähigkeit in den Hintergrund getreten. Ich habe plötzlich festgestellt,

daß ich meine Finger in Dinge stecken kann. Oder, um genau zu sein, ich kann EINEN Finger in etwas hineinstecken.
Wie ein Blitz überkam es mich. Als sie mich heute morgen aus dem Bett nahm, fuhr ich mit meinem Finger in ihr Auge.
Ihr Blick wurde etwas trübe, und so pikte ich mit meinem Finger in ihr anderes Auge. Ihr Blick wurde noch trüber.

Siebzehnter Tag

Habe Finger in sein Auge
gepikt.

Achtzehnter Tag

Habe Finger in das Auge der Katze gepikt. Habe meine Chance vertan, sie als Mitglied für mein Ausbruchkomitee zu werben.

Neunzehnter Tag

Habe Finger in das Auge ihrer Mutter gepikt. Der Effekt wurde dadurch enorm gesteigert, daß er dabei lachte. Die Stimmung zwischen ihrer Mutter und ihm ist noch abgekühlter als sonst.

Zwanzigster Tag

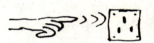

Habe versucht, den Finger in die Steckdose zu stecken, wurde aber von ihr weggezerrt. Sie schrie dabei ganz fürchterliche Dinge. Ich werde es nochmal versuchen, wenn sie mir den Rücken zudreht.

Zweiundzwanzigster Tag

Habe bei meiner erst kürzlich erlernten Fähigkeit, kleine Dinge aufzuheben, heute einen neuen Gipfel erreicht. Heute nachmittag war ich in ihrem Schlafzimmer, als sie sich nach einem ganz besonders spuckintensiven Mittagessen umzog. Da klingelte es. Sie lief nach unten, weil die Waschmaschine kaputt war und sie glaubte, es wäre der Kundendienst.

(Seit meiner Ankunft wird der Haushalt zum Notstandsgebiet erklärt, wenn die Waschmaschine kaputtgeht. Die Geschwindigkeit, mit der ich meine Sachen und die von allen anderen in meiner Reichweite – vor allem weil ich immer noch ein Virtuose des »eruptiven Erbrechens« bin – schmutzig mache, stellt sicher, daß sie ungefähr vier Maschinen pro Tag wäscht. Wenn die Waschmaschine nicht funktioniert, dauert es nur ein paar Stunden, bis ihr die Schmutzwäsche bis zum Hals steht.)

Wie dem auch sei, es WAR der Kundendienst. Sie führte den Mann in die Küche, damit er sich den Schaden genau besah und überließ mich derweil mir selbst. Ich robbte also zum Tisch, auf dem ihre Schmuckkassette stand.

Ich zog mich an dem Stuhl hoch, auf dem sie immer sitzt, wenn sie sich schminkt (bei den seltenen Gelegenheiten, wenn ich ihr Zeit lasse, Make-up aufzutragen). Ich war zu weit entfernt, um die Kassette anfassen zu können, aber ich schaffte es, eine Kette mit kleinen runden Glasperlen zu packen.

Meine Hand schloß sich, und ich hielt die Kette fest, aber irgend etwas schien sie auf dem Tisch festzuhalten. Ich zog, aber ohne Erfolg.

In diesem Moment verlor ich mein Gleichgewicht. Obwohl ich bei dieser komischen Steherei immer besser werde, ist es noch eine recht wacklige Angelegenheit, besonders wenn ich mich nur auf eine Hand stützen kann. Ich drehte mich also quasi um die Hand, die sich am Tisch festhielt, und landete ganz anmutig auf meinem Hintern.

Zur Belohnung hielt meine andere Hand immer noch die Perlen fest. Da die Kette meinem Gewicht nicht standhielt, riß der Faden, und die winzigen Glaskugeln kullerten auf den Teppich.

Ich krabbelte auf dem Boden herum, nahm sie zwischen Daumen und Zeigefinger und fragte mich, was ich wohl damit anfangen könnte. Ich versuchte, eine Perle gegen die Wand zu werfen. Sie prallte mit einem zufriedenstellenden »Ping« dagegen. Nettes Spiel.

Ich hatte es vielleicht fünf Minuten gespielt, als sie hereinkam. Ich sah mit einem gewinnenden Lächeln

zu ihr auf, während ich die rechte Hand in meinen Mund stopfte.
Sie schrie in höchsten Tönen: »O nein! Das darf doch wohl nicht wahr sein! Hast du welche in den Mund genommen?«
Ich schaute weiter unschuldig vor mich hin. Sie riß mir die Hand aus dem Mund und sah, daß sie leer war. Ich schrie, weil ich es nicht mag, wenn man mir die Hand aus dem Mund reißt und natürlich auch ein wenig, um die Dramatik noch etwas zu steigern. Ich hatte schon immer einen Sinn für Theatralik.
»O mein Gott!« rief sie immer wieder und sammelte auf den Knien die Perlen wieder ein. »Hast du welche davon in den Mund gesteckt?«

Ich schrie lauter, um mit ihrem Grad von Panik gleichzuziehen. Sie sammelte weiter wie wild die Perlen auf. »Wie viele waren es? Wie viele waren es?« stöhnte sie immer nur.

Sie verglich die Perlen mit der Länge des Fadens und kam zu einem Schluß, der sie nur noch aufgeregter werden ließ.

Sie nahm mich hoch und fing an, mir auf den Rücken zu schlagen. Ich verdoppelte noch einmal die Lautstärke meiner Schreie, und zwar auf meine ganz besondere Weise – ich wurde blau im Gesicht.

Sie drückte mich an sich, rannte nach unten, rief den Doktor an, und binnen Minuten, so schien es mir, stand ein Krankenwagen vor dem Haus.

Im Krankenwagen hörte ich plötzlich auf zu schreien und wurde ganz ruhig; durch die ganze Aufregung war ich jetzt ziemlich müde. Das schien alle noch mehr zu beunruhigen.

Na ja, man weiß ja, wie Krankenhäuser sind. Erst die Warterei und dann eine Menge Rennerei, bis wir schließlich zum Röntgen kamen. Ich vertrieb mir die

Zeit, indem ich mich blau schrie und dann wieder still wurde. Das schien den Besorgnispegel befriedigend hoch zu halten.

Die Röntgenbilder ergaben nichts, aber man entschied, mich über Nacht zur Beobachtung dazubehalten.

Dreiundzwanzigster Tag

Ich sah keine Krankenhausangestellten, die mich beobachteten. Es schien, als seien sie und er diejenigen, die mich die ganze Zeit beobachteten.

Hätte ich jemals Zweifel gehabt, was das Ausmaß meiner Macht über sie angeht (was ich natürlich nie hatte), sie wären durch den Ausdruck in ihren Gesichtern zerstreut worden.

Am nächsten Morgen wurde ich von einem Arzt (der gänzlich desinteressiert schien) planlos untersucht und entlassen. Aber den ganzen Tag sah sie mich zu Hause so an, als befürchtete sie, ich könnte mich plötzlich in einer Rauchwolke auflösen.

Ich vermute, daß sie eines Tages die Glasperlen finden wird, die ich unter den Teppich geschoben habe.

Zehnter Monat

Erster Tag

Heute morgen ist mir plötzlich gekommen, daß der heutige Tag eine Wasserscheide in meinem Leben darstellt. Es ist mehr als neun Monate her, daß ich geboren wurde. Mit anderen Worten: Ich bin schon länger draußen als drinnen.
Habe einen Teller Rind mit Gemüse über der Katze ausgeschüttet, damit der Tag nicht ganz ohne festliches Element vorbeigeht.

Dritter Tag

Bin heute wieder für unmenschlich lange Zeit in meinem Laufstall gefangengehalten worden. Habe weiter an meinem Abakusprojekt und den Stangen daneben gearbeitet.

Jetzt dauert es nicht mehr lange. Aber ich darf nicht daran denken. Nach einer langen Zeit der Gefangenschaft wird man leicht verrückt.

Fünfter Tag

Eine Sache, über die meine Eltern während der letzten neun Monate immer wieder gesprochen haben, ist Urlaub.

Offensichtlich waren die Urlaube die Höhepunkte ihrer kinderlosen Jahre. Wenn ich recht verstehe, sind sie immer in Richtung Sonne verduftet, also Griechenland oder Spanien, haben vierzehn Tage in der Sonne herumgelegen, sind geschwommen und haben getrunken und diesen Rhythmus nur durch häufige Siestas (zumindest haben sie es so genannt) in ihrer Villa unterbrochen. Das klingt nach einem ziemlich dekadenten Lebenswandel und sicher nicht so, als könnten sie ihn wieder aufnehmen, jetzt, da ich da bin.

Um gerecht zu sein, muß ich sagen, daß sie das offenbar akzeptiert haben; sie eher als er. »Es macht keinen Spaß, ins Ausland zu fliegen, solange das Kind noch so klein ist«, sagt sie immer wieder. »In ein paar Jahren können wir dann wieder weiter wegfahren.«

Er antwortet auf diese Aussage immer mit einem düsteren »Wenn wir es uns leisten können«.

Er realisiert so langsam, daß meine Ankunft nicht nur ein wenig Sonnenschein in sein Leben gebracht hat, sondern auch einen gewaltigen Anstieg der Ausgaben.

Wenn man es recht bedenkt, habe ich, was die Ausgaben betrifft, noch nicht einmal richtig losgelegt. Ich habe entschieden, noch nicht zu reden, und ich sehe sehr selten fern. Sie werden sich noch umschauen, wenn ich erst einmal mein Verlangen nach all den Dingen äußere, die ich in der Fernsehwerbung sehe.

Sie werden sich noch umschauen, wenn die Schule losgeht und das ständige »Alle anderen haben das aber – warum kann ich keins haben?« losgeht.

Aber um auf das Thema Urlaub zurückzukommen ... Wie ich schon sagte, haben sie sich mehr oder weniger zähneknirschend damit abgefunden, daß sie dieses Jahr nicht ins Ausland fahren können, aber sie spielen immer noch mit der Idee, »ein paar Tage aufs Land zu fahren«.

»Schließlich haben wir«, hörte ich sie heute abend sagen, »ein anstrengendes Jahr hinter uns. Wir könnten beide ein wenig Erholung gebrauchen.«

Ich garantiere ihnen: Was immer sie bekommen, Erholung wird es nicht sein.

Siebter Tag

Sie sind mit dem Urlaub ein wenig weitergekommen. Er hat sich die übernächste Woche freigenommen, und sie hat ein paar Prospekte für Urlaub in England vom Reisebüro geholt.
Sie haben einen deprimierenden Abend damit zugebracht, die Prospekte durchzugehen. Fast alle Ziele, die er ausgesucht hatte (fast alles solche, die Drachenfliegen, Klettern, Fallschirmspringen etc. anbieten), schieden aus, weil in diesen Hotels Kinder nicht erwünscht waren.

Die Ziele, die sie ausgesucht hatte (jene mit einer ausgesucht guten Küche – sie ist insgeheim ein kleiner

176

frustrierter Feinschmecker), schieden aus demselben Grund aus.
Am Ende des Abends sahen sie sich niedergeschlagen in die Augen.
Wenn es zuvor keinen Anlaß gegeben hatte, so enthüllte spätestens dieser Moment die volle deprimierende Wahrheit, wie sehr meine Ankunft ihr Leben veränderte.

Achter Tag

Ein wichtiger Durchbruch. Nach wochenlangem Herumrobben in meinem Laufstall habe ich beschlossen, mit einer anderen Art der Fortbewegung zu experimentieren.

Der Ausgangspunkt war eine Flach-auf-dem-Bauch-Position, dann hob ich Kopf und Oberkörper, indem ich mich auf die Arme stützte. Schließlich versuchte ich, meinen Bauch vom Boden zu heben, indem ich die Knie bewegte.

Die ersten Versuche waren nicht sehr brauchbar. Um ehrlich zu sein, waren sie ziemlich schmerzhaft, weil ich immer wieder wie ein Sturzkampfbomber auf meine Nase fiel.

Aber ich versuchte es weiter und wurde schließlich durch einen kleinen Erfolg belohnt. Ich bewegte mich ungefähr ein paar Zentimeter vorwärts. Dabei beließ ich es dann aber auch. Ich will doch nicht rennen, bevor ich laufen kann – oder meine ich laufen, bevor ich krabbeln kann …?

Neunter Tag

Habe weiter meine neue Fortbewegungsart geübt. Insgeheim. Ich stellte meine Versuche sofort ein, als ich sie ins Zimmer kommen hörte. Ich möchte nicht, daß sie diesmal das Drehbuch mitbekommt. Ich möchte ihr einfach das Endprodukt präsentieren.

Zehnter Tag

Zu dumm. Ich habe nicht verhindern können, daß sie sich heute morgen anschlich.

Sie war entzückt über das, was sie sah. »Oh, krabbelst

du schon?« trällerte sie. »Bist du jetzt ein großes Krabbelkind?«

Um ihr einfaches Gemüt ein wenig zu erfreuen, strengte ich mich besonders an. Was hätte ich sonst tun können?

Sie rief sofort ihre Mutter an, um die frohe Botschaft zu verkünden. Ihre Unterhaltung begann in einem heiteren Ton, aber dann schlug sie um. Offensichtlich war die Antwort ihrer Mutter auf die Nachricht etwas in der Art: »Na ja, wenn das Kind schon so weit ist, dann kannst du dich ja als nächstes darauf konzentrieren, daß er trocken wird.«

Aus ihrer Reaktion schloß ich, daß die Erziehung zur Sauberkeit ein weiterer Punkt ist, bei dem die Meinungen der beiden Generationen auseinandergehen. Sehr gut, das kann ich mir zunutze machen.

Sie rief ihn nicht an, um ihm die freudige Nachricht mitzuteilen, sondern beschloß, ihn damit abends, wenn er vom Büro kam, zu überraschen.

Er kam mit ganz mieser Laune nach Hause. Er muß ganz besonders viel arbeiten, um alles noch vor dem anstehenden Urlaub zu erledigen.

Vielleicht war das der Grund, warum er ziemlich unterwältigt war, als er von meinem neuesten Erfolg hörte.

»Rate mal, was passiert ist, Schatz?« rief sie begeistert, als er zur Tür hereinkam. »Das Baby krabbelt!!!«

»Oh«, gab er griesgrämlich zurück. »Auf oder unter dem Teppich?«

Dreizehnter Tag

Heute war ich ein wenig unachtsam. Mich beschäftigten andere Gedanken – zum Beispiel meine Pläne für den großen Ausbruch aus dem Laufstall und die Möglichkeit, während des kommenden Urlaubs Chaos zu verbreiten und mich in seelischer Grausamkeit zu üben –, daß ich ihr etwas durchgehen ließ.
Ich konzentrierte mich nicht nach dem Mittagessen und auch nicht nachmittags, und erst als ich abends, nachdem sie mich ins Bett gebracht hatten, hörte, wie sie ihm etwas verkündete, wurde mir klar, was ich falsch gemacht hatte.
»Das Kind hat heute zweimal die Flasche bekommen, und ich habe ihn nicht gestillt«, sagte sie stolz. »Nach dem Mittagessen und nachmittags. Ich wußte, daß es nur eine Frage der Zeit war. Seit heute können wir also offiziell sagen, daß wir mit dem Abstillen begonnen haben!«
Ich muß sofort ein Nachhutgefecht starten, um den verlorenen Boden wiedergutzumachen.

Vierzehnter Tag

Sie wird immer schlauer. Sie ist meiner sofortigen Reaktion auf das Abstillen dadurch begegnet, daß sie

180

fast den ganzen Tag unterwegs war und mich – zusammen mit der ganzen Hardware des Flaschenfütterns – bei ihrer Mutter ließ. So blieb mir mittags und nachmittags nicht viel anderes übrig, als meine Lippen um die unsympathische Ersatzbrustwarze zu legen.

Aber es sollte noch schlimmer kommen. Bevor ich ins Bett ging, war mir wirklich nach einem guten Schluck, aber es kam fast nichts. »Tut mir leid«, sagte sie selbstgefällig. »Weißt du, jetzt wirst du immer größer und trinkst immer weniger, und so trocknet auch der Nachschub langsam aus.« Da ist irgend etwas im Busch. Ich wette, sie hat sich kurz vor dem Stillen ins Bad verzogen und den größten Teil des Brustinhalts in den Abfluß abgedrückt. Ich mag es nicht, wenn man meine Autorität so herausfordert.

181

Fünfzehnter Tag

Sie hat auf stur geschaltet. Heute wurde mir nach beiden Mahlzeiten wieder die Flasche angeboten, und sie weigerte sich standhaft – trotz meines oscarverdächtigen Gebrülls, angereichert mit einer Menge Kummer –, die Knöpfe für mich aufzumachen.
Ganz ärgerlich ist natürlich zu wissen, daß ihr Milchfluß ohne mein regelmäßiges Saugen immer mehr nachläßt.
Ich muß dieses Problem lösen.

Siebzehnter Tag

Heute abend ist er noch genervter aus dem Büro gekommen als sonst. Es war sein letzter Tag vor unserem heiß ersehnten Urlaub. Er hat schrecklich viel gearbeitet, und er wollte nur eines: sich in einen großen Whisky versenken.
Aber sie verweigerte ihm die Freude und forderte ihn auf, erst das Auto zu packen. Es würde nur eine Minute dauern, und dann könnte er sich in aller Ruhe einen Drink genehmigen.
Ungnädig gab er nach. Seine Laune verbesserte sich keinen Deut, als er die Menge Zeug sah, die im Gästezimmer aufgetürmt war.

»Verflucht!« rief er. »Wir fahren für eine Woche in den Urlaub und machen doch keine Zweigstelle von Prenatal auf!«

Sie ging dann Stück für Stück mit ihm durch und erklärte, warum alles bis auf das letzte nötig war. Es war natürlich alles für mich.

Zuerst war da natürlich fast jedes Kleidungsstück, das ich mein eigen nenne. »Babys muß man immer wieder umziehen, und die Wäschereien in den Hotels können sehr teuer sein.«

Dann hatte sie genügend Windelpakete eingeplant, um eine kleine Stadt damit zu bauen. »Wir wissen nicht, wie nah das Hotel am nächsten Laden ist – es ist schrecklich, wenn man deswegen einkaufen gehen muß.«

Und dann war da noch eine kleine Stadt voll Kartons von Windeleinlagen und Öltüchern.

Sie hatte so viel Watte eingepackt, daß man es im Dunkeln für eine Schafherde hätte halten können.

In ihrem kleinen Medizinkoffer hatte sie Mittel gegen Abschürfungen, Abszesse, Akne, allergische Schwellungen, allergischen Schnupfen, Ausschlag, Bandwürmer, Bindehautentzündung, blaue Flecken, Bronchitis, Cholera, Darmverschluß, Dermatitis, Dermatophytose, Durchfall, Erkältung, Fadenwürmer, Fieberbläschen, Follikel, Frostbeulen, Gelbfieber, Gelbsucht, Gerstenkorn, Glatzflechte, Grippe, Gürtelrose, Hakenwurm, Halsweh, Halzentzündung, Herpes, Himbeerauge, Hitzblattern, Hitzeschlag, Hühneraugen,

Husten, Impetigo, Insektenstiche, Keuchhusten, Krätze, kreisförmigen Haarausfall, Krupp, Magenkrämpfe, Malaria, Mandelentzündung, Masern, Milchschorf, Mitesser, Mumps, Mundschwamm, Nesselfieber, Nesselsucht, Ohrenschmerzen, Papageienkrankheit, Pocken, Quecksilbervergiftung, Schielen, Schnitte, Schuppen, Sinusitis, Skorbut, Sonnenallergie, Streptokokken, Verbrennungen, Verbrühungen, verstopfte Tränenkanäle, Verstopfung, Warzen, Windelausschlag, Windpocken.

Sie hatte auch einen Kinderwagen mit abnehmbarem Oberteil, einen Buggy, einen Laufstall und ein Reisebett vorgesehen.

»Oh, meine Liebe«, sagte er, und der Sarkasmus in seiner Stimme war unüberhörbar, »warum haben wir denn das Spülbecken nicht eingepackt, wo wir doch schon dabei sind.«

»Gott sei Dank, daß du mich daran erinnert hast!« sagte sie, wie immer immun gegen jegliche Ironie. »Ich habe die Babybadewanne vergessen.«

Sie hatten das Auto schließlich um halb zwei Uhr nachts fertig gepackt.

Es war kein Platz mehr für irgendwelche von IHREN Sachen.

Achtzehnter bis
vierundzwanzigster Tag

Unsere Woche Urlaub war ein noch nie dagewesenes Desaster. Zumindest von ihrem Standpunkt aus. Ich habe die Zeit ziemlich genossen.

Ich finde, es ist lustig herauszufinden, wie lange man in einem nicht vertrauten Hotelzimmer schreien muß, bevor die Leute anfangen, an die Wand zu klopfen. Oder wie viele Dinge man im Restaurant vom Tisch fegen muß, bis man aufgefordert wird zu gehen.

Meine Eltern fanden weder Ruhe noch Schlaf, und mit Sicherheit waren sie nie in dieser Zeit zugleich alleine und im Wachzustand.

Außerdem regnete es mehr oder weniger ununterbrochen.

Eine neue Erfahrung. In einer kurzen Pause zwischen den Regengüssen nahmen sie mich mit zum Strand.

Da es ein ungeschützter, sturmgepeitschter Strand war, gefiel es mir dort nicht sehr. Das einzig Interessante, was ich über Strände herausfand, war, daß

185

nasser Sand genauso aussieht wie all die beigen, halb durchweichten Mischungen, die ich zum Essen vorgesetzt bekomme.

Habe eine Menge Sand gegessen. Hat auch nicht besonders anders geschmeckt.
Ich habe auch meine neue Fähigkeit, das Krabbeln, angewandt, als sie mit dem Rücken zu mir standen. So konnte ich Algen, Fetzen von Plastiktüten und Hundehaufen erreichen, die mir noch nicht zugänglich gewesen wären, hätten wir einen Monat früher Urlaub gemacht.
Ich habe auch eine Menge davon gegessen.
Eine Errungenschaft habe ich in dieser Woche jedoch zu vermelden. Sie verbrachte so viel Zeit damit, mich an ihrer Brust zu beruhigen, daß die Milch wieder reichlich fließt.
Es ist keine Rede mehr vom Abstillen oder vom Teilzeitarbeiten, kann ich glücklicherweise sagen.

Elfter Monat

Siebter Tag

Warum sind sie beide bloß so unbeständig? Zuerst ermuntern sie mich, bestimmte Dinge zu tun, und dann lassen sie es bleiben.

Zum Beispiel haben sie mich schon seit meinem ersten Krabbelversuch ermuntert, damit weiterzumachen. Sie schienen mit meinen Fortschritten auch sehr zufrieden zu sein. Aber immer wenn ich in den Flur komme und mich in Richtung Treppe bewege, packen sie mich und halten mich davon ab.

Das ist sehr kurzsichtig. Sie scheinen wild darauf zu sein, daß ich später im Leben alles gut mache, aber sie sollten sich darüber im klaren sein, daß man Männer und Frauen, die die Zukunft gestalten sollten, nicht fördert, indem man sie am Erklimmen der Treppe nach oben hindert!

Elfter Tag

Endlich hat es sich heute ausgezahlt, daß ich immer mit meinem Kopf gegen den Laufstall gehauen habe. Ich habe gemerkt, daß der kleine Abakus schon seit ein paar Wochen immer lockerer wird.
Heute habe ich beschlossen, in der überwachungslosen Zeit, wenn sie die Wäsche aufhängt, einen Versuch zu starten. (Sie braucht normalerweise stundenlang, denn ich beglücke sie immer noch mit mindestens drei Maschinen am Tag.)
Nachdem ich zwanzig Minuten lang mit meinem Kopf gegen die inzwischen schwache Stelle des Laufstalls geschlagen hatte, versuchte ich, zwei der Drähte mit den Perlchen festzuhalten und mich plötzlich mit meinem ganzen Gewicht fallen zu lassen.
Das Ergebnis hätte nicht besser sein können. Die Drähte sprangen aus ihrer Verankerung, und die Perlen verteilten sich überall, zum größten Teil im Laufstall.

Angespornt durch meinen Erfolg, zog ich mich sofort wieder hoch und tat dasselbe mit dem Draht, der noch in der Verankerung steckte. Selbes Ergebnis.

Ich griff nach den beiden Stangen, zwischen denen die Perlen eingeklemmt waren. Auch sie waren erfreulich locker. Ich war gerade dabei, mit all meinem Gewicht dagegenzudrücken, als ich Vorsicht walten ließ.

Ich sammelte die verstreut umherliegenden Perlen auf und versteckte sie wo immer möglich. Ein paar paßten in meine Plastikspielsachen, einige schob ich unter den Teppich, und wieder andere konnte ich durch das Zimmer unter das Sofa schleudern.

Ich hatte gerade die letzte Perle versteckt und wollte mich wieder den beiden Stangen zuwenden, als sie aus dem Garten zurückkam.

Sie bemerkte sofort das Loch, wo vorher Perlen und Drähte gewesen waren, und umgehend legte sie den Panikschalter in ihrem Gehirn um. Sie hatte wieder fürchterliche Angst, ich hätte alles verschluckt.

Das gehörte nicht zu meinem Plan, aber es hatte den Vorteil, daß ihre Aufmerksamkeit von der nicht mehr ganz stabilen Seite des Laufstalls abgelenkt wurde.

Es hatte jedoch den Nachteil, daß sie wieder einen schlimmen hysterischen Anfall bekam, wie damals bei den Glasperlen vor ein paar Monaten.

Ich versuchte ihr die Spielsachen, den Teppich und das Sofa zu zeigen, damit sie die für die angebliche Erstickung verantwortlichen Fremdkörper finden konnte, aber es funktionierte nicht.

Sie bestand darauf, die ganze Krankenhausarie noch einmal durchzuspielen (siehe neunter Monat, zweiundzwanzigster bis dreiundzwanzigster Tag).
Das hat mich wirklich frustriert, weil sich so mein großer Laufstallausbruch verschob.

Zwölfter Tag

Kam nicht vor dem Mittagessen aus dem Krankenhaus zurück.
Und selbst dann ließ sie mir keine Chance, meine Fluchtpläne zu verfolgen. Sie war nach der Perlenpanik so besorgt, daß sie darauf bestand, mich den ganzen Nachmittag herumzutragen, »um sicherzustellen, daß es mir gut ging«.

Dreizehnter Tag

Sie hat wieder den gesamten Tag damit zugebracht, mich gefühlvoll anzuschauen, als sollte ich die Hauptrolle in »Werther« spielen. Ich nehme an, daß eine solche Aufmerksamkeit normalerweise jedem Menschen schmeichelt, aber ich wünschte, sie würde mich einfach in den Laufstall setzen, damit ich mit meiner Flucht weiterkomme!

Siebzehnter Tag

Gott sei Dank bin ich heute wieder in mein Gefängnis eingesperrt worden und konnte so meinen vor langer Zeit ausgeheckten Plan in die Tat umsetzen.
Ja, heute war der Tag des großen Laufstallausbruchs.

Es funktionierte wie geschmiert. Absolut super, null problemo. Beginn zehn Uhr. Wache war beim Wäscheaufhängarbeitsdienst. Näherte mich der verdächtigen Stelle im Laufstall, nahm die Stangen fest in die Hand, lehnte mich mit meinem ganzen Gewicht zurück, landete in sitzender Stellung.

Kein Erfolg. Versuchte es unbeirrt wieder. Diesmal leichte Bewegung und Knacken im Holz.

Dritter Versuch – perfekt. Teil der waagerechten Stange oben sprang ab, senkrechte Stange löste sich und fiel zurück in Laufstall. Steckt immer noch unten in der Verankerung, aber nach ein paar Minuten Rütteln löste sie sich auch.

Probierte Öffnung aus, aber sie war noch zu eng für ein fettes Baby mit Wegwerfwindel und Jogginganzug. Lenkte meine Aufmerksamkeit auf zweite senkrechte Stange. Steckte fester als die erste, aber gab beim sechsten Versuch nach. Arbeitete auch im Sitzen.

Probierte Loch aus. Eng, aber schaffte es, mich hindurchzuzwängen.

Freiheit! Schmeckte ziemlich gut, muß ich sagen!

Ein Moment der Unschlüssigkeit über weiteres Vorgehen, jetzt wo ich draußen war, aber es konnte eigentlich nur ein Ziel geben. Krabbelte durch das Wohnzimmer in den Flur Richtung Treppe.

Hatte noch nie vorher Treppen in Angriff genommen, aber ließ mich nicht davon abhalten. Man weiß nie, was man kann, bevor man es nicht versucht. Stützte mich mit den Händen auf die zweite Stufe, zog die Knie auf die erste. Hände auf dritte Stufe, Knie auf die zweite und so weiter.

Kinderspiel. Weiß nicht, warum man so viel Aufhebens darum macht. Einzig schwieriger Augenblick kam beim Versuch zurückzuschauen. Stützte Körper mit einer Hand ab und drehte Rumpf. Fühlte mich

ziemlich unsicher. Schwankte und mußte mich
auf Bauch fallen lassen, um nicht herunterzufal-
len.

(Anmerkung: Jogginganzug nicht ideal für Trep-
penklettern. Strümpfe auch nicht – sehr rut-
schig. Empfehle Stiefel.)

Beschloß, bis ganz nach oben zu kommen. Weiß
nicht, warum. Wahrscheinlich, weil es bis ganz
nach oben ging.

Wurde durch Schrei von unten nur wenige Stufen vom Gipfel entfernt aufgehalten. Erkannte
ihre Stimme. Drehte mich halb nach ihr um.
Schwankte gefährlich.

Ihr Gesicht weiß. Gelähmt durch Angst. Schrie:
»Nicht bewegen! Um Himmels willen, nicht bewegen!«

Wie es sich gehört, überhörte ich sie und beschloß, meine neuen Kletter- bzw. Abseilkünste
vorzuführen. Ich faßte ins Auge, umzukehren.

Ich hatte zwar den Rückwärtsgang in
der Tat noch nicht ausprobiert, aber
wann hat mich ein Mangel an
Erfahrung schon einmal aufgehalten ...?

Rückwärts war aber viel
schwieriger als vorwärts.

Ich ließ einen Fuß her-
unter auf die nächste
Stufe.

Ließ den anderen Fuß herunter.

Plötzlich fühlte ich eine starke Gravitationskraft. Ich versuchte mich an den oberen Stufen mit den Händen festzuhalten, aber keine Chance. Ich fühlte, wie die Kanten der Stufen gegen meinen Bauch schlugen, als ich hinunterfiel. Abseilen ohne Seil.

Sie fing mich auf halbem Weg auf.

Sie schluchzte, und Tränen liefen ihr über das Gesicht. Sie drückte mich an sich und sagte immer wieder: »Wie hast du das gemacht? Wie bist du da rausgekommen?«

(Anmerkung: Wenn sie hysterisch ist, kann sie Sätze ohne »Schatz« und »Süßer« bilden.)

Natürlich hatten die Fragen nicht die geringsten Aussichten auf die von ihr gewünschten Antworten. Nur Name und Nummer.

Trotzdem war der Tag gelungen. Auftrag ausgeführt, würde ich sagen.

Vierundzwanzigster Tag

Heute morgen hat sie etwas ganz anderes mit mir probiert. Sie war sehr beschäftigt, denn aus irgendeinem Grund hat sie sich vorgestellt, sie könnte heute abend ungestraft ein nettes, zivilisiertes Abendessen veranstalten (kühne Hoffnungen – dem Untergang geweiht, natürlich). Deshalb wollte sie den ganzen Morgen damit verbringen, mehr oder weniger alles, was sie in der Küche finden konnte, mit Knoblauch zu spicken.

Und sie wollte mich aus dem Weg haben.

Sie setzte mich in meinen Laufstall (der natürlich nach meinem berühmten Ausbruch für die Ewigkeit repariert und mit Nieten verstärkt wurde, die höchsten Sicherheitsansprüchen genügen – jetzt ist die einzige Möglichkeit, nach draußen zu kommen, ein Tunnel unter dem Teppich) und brachte den traditionellen Haufen mit Plastikrasseln, Enten, Telefonen, Hämmern, Autos und anderen Dingen, die schon zu unförmig waren, als daß man sie noch hätte identifizieren können. Ich konnte damit herumhämmern, darauf herumkauen und darüber kotzen.

Nun, sie hätte wissen müssen, daß dieser kleine Haufen meine Aufmerksamkeit inzwischen ungefähr 0,00000000001 Sekunden lang erregte. Ich bemühte mich noch nicht einmal, eins der Spielzeuge in die

Hand zu nehmen, sondern ging gleich zum Schreien über. Sie hält es nie lange aus, wenn ich mein Organ voll aufdrehe. Diesmal schaffte sie es noch, sich eine Schürze umzubinden und das Messer in eine Zehe Knoblauch zu versenken, bevor ihr der fürchterliche Gedanke kam, DASS MIT MIR WIRKLICH ETWAS NICHT STIMMEN KÖNNTE.

(Das ist, beiläufig gesagt, ein brauchbarer Tip bei jeglichem Umgang mit Eltern. Wenn sie anfangen zu glauben, daß man sich nur aufspielt und sich wegen nichts aufregt, empfehle ich einen plötzlichen Wechsel der Schreiart. Dazu gehört auch, ein paar Sekunden still zu sein und dann einen kolossalen Schrei loszulassen, der alle normalen Eltern dazu bringt, angestürzt zu kommen.

Und wenn sie einmal den Wechsel der Schreiart blasiert ignorieren, dann gibt es nichts besseres als die gute alte Selbstverstümmelung.

Es ist nicht so schlimm, wie es klingt. Eine zufriedenstellende Wunde kann durch Umfallen, Fallen aus der Höhe oder das Schlagen eines Körperteils gegen irgend etwas erreicht werden. Durch Übung kommt man dahinter, wie man den größtmöglichen sichtbaren Effekt mit einem Minimum an Schmerzen erreicht.

Obwohl Selbstverstümmelungen überhaupt nicht wehtun sollten, muß man natürlich schreien, als ob einem alle Fingernägel einzeln abgezogen würden.

Sehr wenige Eltern schaffen es – wenn sie schließlich

nachgeben und ihr Kind blutüberströmt vorfinden –, den Übeltäter nicht hochzunehmen und zu sagen: »Oh, du armer kleiner Schatz! Du hast dich WIRKLICH verletzt. Was hast du doch für einen bösen Papa/eine böse Mama! Das werde ich mir nie verzeihen!«
Es ist toll, daß sie sich tatsächlich nie verzeihen. Sie nehmen ihre Schuld mit ins Grab.)
Jetzt aber zurück zur Hauptsache. Heute morgen hat sie eine neue Möglichkeit ausprobiert, mich ruhigzustellen. Sie hat den Fernseher angemacht.
»Schau mal«, gurrte sie. »Ist das nicht ein schönes Kinderprogramm für meinen Schatz? So viele kleine süße Tierchen und Musik und Farben. Das gefällt dir sicher, mein Kleiner.«
Na ja, ich habe es versucht. Eine ganze Minute habe ich mir die Sache angeschaut, bevor ich zu dem Schluß kam, daß das ganze noch langweiliger war als der traditionelle Haufen mit Plastikrasseln, Enten, Telefonen, Hämmern, Autos und anderen Dingen, die schon zu unförmig waren, als daß man sie noch hätte indentifizieren können.

Wenn sie glaubt, sie könnte mich ruhigstellen, indem sie mich den ganzen Tag vor den Fernseher haut, hat sie sich geschnitten. Sie hat es mit mir zu tun, und da gibt es keine leichten Alternativen, und je eher sie sich mit dieser Tatsache abfindet, desto besser.

Zwölfter Monat

Zweiter Tag

Heute morgen ist ihre Mutter mit einem Geschenk für mich vorbeigekommen. »Es ist ein verfrühtes Weihnachtsgeschenk oder ein verfrühtes Geburtstagsgeschenk«, verkündete sie.

Ich wickelte es aus. Meine Eltern meinen, dies sei ein sehr intelligentes Kunststück meinerseits, aber soweit es mich angeht, finde ich nichts Besonderes dabei. Ich behandle ein Geschenk genau wie jedes andere Objekt, das man mir in die Hand gibt – ich grapsche danach und reiße alles ab, was abgeht. Bei Geschenken handelt es sich dabei meistens um das Geschenkpapier. Wenn das entfernt ist, schaue ich, ob sich noch etwas anderes abreißen läßt.

Bei dem, was ich heute morgen bekommen habe, ließ sich nichts weiter abreißen. Es war ein starres, aus Plastik geformtes Objekt. Ein Topf.

Sie betrachtete ihn mit einiger Verärgerung. »Es ist zu früh. Ich habe es dir schon gesagt – wir fangen damit an, wenn wir dazu bereit sind und nicht früher.«
»Es ist nie zu früh«, entgegnete ihre Mutter. »Es ist nur eine Frage der Disziplin. Wie das Abstillen.«
»Bring ja nicht das Abstillen ins Spiel.«
»Es tut mir leid, aber ich muß es dir sagen, mein Schatz. Wenn du hart geblieben wärst, als du damals mit dem Abstillen …«
»Wir reden nicht über's Abstillen. Wir reden über einen Topf, Mutter.«
»Ist schon gut, mein Kind. Ich wollte nur sagen, daß das Kind den Topf eher benutzen wird, wenn es sich früh genug daran gewöhnt, daß er da ist.«

»Nein, wird es nicht«, sagte sie.
»Ja, wird es«, sagte ihre Mutter. »Ihr Kinder wart alle mit vierzehn Monaten trocken.«
»Ja, und schau, wie neurotisch wir alle geworden sind!« Sie war eingeschnappt.
Wie das Essen, so wird auch die Sauberkeitserzie-

hung ganz klar ein perfektes Mittel werden, sie zu erpressen.

Zwölfter Tag

Habe immer noch keine endgültige Entscheidung getroffen, was die Sache mit dem ersten Wort angeht.
Heute morgen, als sie mich anzog, ist mir aus Versehen fast eines herausgerutscht.
»Ooooh«, sagte sie. »Du bist wirklich ein kleines Luder. Du bist so ... so ... oh, jetzt fällt mir doch tatsächlich das Wort nicht ein ...«
Beinahe hätte ich »widerspenstig« gesagt.
Es war vielleicht ebenso gut, daß ich es nicht getan habe.

Siebzehnter Tag

Eine neue Aufregung heute – Papiergirlanden.
Offensichtlich steht Weihnachten vor der Tür, und sie macht deswegen einen Riesenaufstand. Ich weiß nicht, ob sie das immer tut, oder ob es mir zu Ehren ist.

Als sie die Papiergirlanden aufhängte, sagte sie immer wieder: »Sind die nicht wunderschön, mein Schatz? Sind sie nicht süß? Gefallen sie dir?«
Die Antwort ist, ja, ich mag sie wirklich. Aber selbstverständlich nicht, wenn ich sie nur anschauen darf.
Wie gewöhnlich kam meine Chance, als das Telefon klingelte. In dem Moment, als sie aus dem Zimmer ging, krabbelte ich zu dem Ende der Papiergirlande, die sie gerade aufhängen wollte und zerriß sie systematisch in Stücke.
Für meine Anstrengungen konnte ich einen unerwarteten Verbündeten gewinnen. Die Katze kam und beteiligte sich daran, indem sie die Girlande in konfettigroße Stücke zerriß. Wir, die Katze und ich, haben zum ersten Mal etwas zusammen unternommen. Vielleicht kann sich zwischen uns doch noch eine freundliche Beziehung entwickeln.

Obwohl, vielleicht doch nicht. Da ich gerissener bin als die Katze, hörte ich, wie sie den Hörer auflegte,

und stellte sicher, daß ich wieder in die andere Ecke des Zimmers gekrabbelt war, bis sie zurück ins Zimmer kam. Ich schaute das arme Tier mißbilligend an. Sie erwischte die Katze in flagranti.
Sie bekam eine kräftige Tracht Prügel und verschwand wie üblich blitzschnell durch die Katzentür.
Es wird noch eine ganze Weile dauern, bis sich eine freundliche Beziehung entwickelt.

Achtzehnter Tag

Sie haben es immer noch mit dem ersten Wort. Heute abend hörte ich, wie sie honigsüß zu ihm sagte: »Ich freue mich schon wirklich darauf, daß das Baby spricht.«
»Ich bin mir da nicht so sicher«, lautete seine scherzhafte Antwort. »Vielleicht wird uns das, was wir dann hören, nicht gefallen.«
Es wird viel im Spaß gesagt, was im Ernst gemeint ist. Aber das war gemein, oder?
Wohlgemerkt, es ist verlockend.
»Und wäre es nicht wunderbar«, sagte sie weiter, »wenn das erste Wort an Weihnachten käme …?«

207

Manchmal ist ihr naiver Optimismus so rührend. Auf der anderen Seite, warum nicht? Ich bin im Prinzip nicht nachtragend, und wenn ich ihnen mit der Äußerung meines ersten Wortes an Weihnachten eine harmlose Freude machen kann, warum sollte ich es ihnen vorenthalten?

Ich denke, ich könnte »Frohe Weihnachten!« sagen. Das entspräche der Jahreszeit und wäre passend.

Oder ich könnte natürlich die volle Ladung »Macht hoch die Tür« liefern! Aber das wäre vielleicht ein wenig kitschig, denke ich. Meine Gedanken wurden unterbrochen, als er sagte: »Ja, das wäre toll. An Weihnachten. Wenn unsere beiden Eltern kommen …«

Aha. Es ist also nicht nur für sie. Sie wollen mit mir angeben.

Zwanzigster Tag

Ich weiß genau, worauf sie mit diesem ganzen Getue wegen meines ersten Wortes hinauswollen.

Sie wissen, daß Weihnachten mit den beiden Sippschaften in einem kleinen Haus unglaublich heikel werden wird. Werden sie das nie lernen? Schon die Taufe war entsetzlich und hätte ihnen eigentlich die Grundregel der familiären Organisation einbleuen sollen: Halte rivalisierende Großeltern voneinander fern.

Ich vermute, sie hoffen, daß ich durch mein erstes Wort oder einen anderen neuen Trick für Zerstreuung sorge und ihnen den Ärger vom Leib halte.
Träumt weiter, Eltern, träumt weiter.

Vierundzwanzigster Tag

Ich weiß nicht, ob sie gestern nacht noch wußten, was sie taten. Ich lag einfach da, war gerade dabei, glücklich einzuschlafen, als sie hereinplatzten, herumtaumelten und leise kicherten (offensichtlich haben sie sich recht früh mit dem Geist des Weihnachtsfestes angefreundet). Sie haben einen leeren Strumpf ans Ende meines Betts gehängt. Ein wenig später kamen sie dann wieder herein und haben ihn durch einen vollen ersetzt. Was soll das?
Ich bin zwar willens, das ganze Spiel mit Weihnachtsmann und Christkind in ein paar Jahren mitzumachen, wenn es sie glücklich macht. Ich werde Briefe mit Wünschen an das Christkind schreiben, einen leeren Strumpf ans Ende meines Betts hängen, einen Pfefferminzpie und ein Glas Whisky sowie ein paar Chips für das Rentier vor der Tür stehen lassen. Außerdem werde ich mich erstaunt darüber zeigen, daß mein Strumpf am 25. morgens voll ist. Aber ich bin noch nicht einmal ein Jahr alt! Warum, um Himmels

willen, glauben sie, daß ich die komplexe Vorstellung eines legendären Wohltäters zu schätzen weiß, der angeblich durch den Kamin in die Häuser kommt und so menschenfreundlich ist, die Strümpfe der Kinder zu füllen, die sich gut benommen haben?

Fünfundzwanzigster Tag

Weihnachten – als ob es möglich gewesen wäre, es zu vergessen! Ich wachte vor ihnen auf und schaute ans Ende meines Betts. Und siehe da, welche Überraschung – da hing ein Strumpf.
Einen Moment lang spielte ich mit dem Gedanken, darüber herzufallen und den Inhalt herauszureißen. Aber dann dachte ich: Warum soll ich es ihnen so leicht machen? Sie können mir wenigstens zeigen, was man damit tut.
Meine Eltern nahmen mich vorschriftsmäßig zu sich ins Bett und halfen mir dabei, den Strumpf aufzuma-

chen. Wie es sich gehört, riß ich das Papier von allen Geschenken. Immer wenn ein weiteres zum Vorschein kam, gurrten sie voller Freude. Der arglose Glanz in ihren Gesichtern war entzückend.
»Oh, ist das nicht süß?« sagten sie immer wieder. »Na, gefällt dir Weihnachten, mein Schatz?«
Ich war versucht, diesen Moment für mein erstes Wort zu nutzen, aber ich bin mir nicht sicher, ob »Kitsch« so gut angekommen wäre.

Der Morgen zog sich in weihnachtlicher Fröhlichkeit dahin. Man steckte mich zur Feier des Tages in einen schicken, neuen, festlichen Anzug, den sie trotz meiner heftigsten Anstrengungen frei von Spritzern durchweichter Pappe halten konnten.
Mittags kamen seine Eltern und bekamen einen Drink.

Fünf Minuten später kamen ihre Eltern und bekamen einen Drink. Sie hoben alle ihre Gläser.

»Das ist ja herrlich«, sagten seine Eltern zu ihren Eltern. »Es ist schön, euch zu sehen.«

»Es ist auch schön, euch zu sehen«, sagten ihre Eltern zu seinen Eltern. »Schade, daß sich die Gelegenheit nicht öfter ergibt.«

»Wir sollten dafür sorgen, daß wir uns in Zukunft öfter sehen«, sagten seine Eltern zu ihren Eltern.

»Das sollten wir«, sagten ihre Eltern zu seinen Eltern.

Dann schwiegen alle lange. Ich überlegte, diese Stille durch mein erstes Wort zu unterbrechen: »Heuchler«. Schließlich gab es das Weihnachtsessen. Das war auch ziemlich heikel.

Zur Feier des Tages hatte sie etwas Truthahn und Rosenkohl für mich püriert, »damit das Kind auch das essen kann, was wir essen«.

Ich muß zugeben, daß ich es nach einem Löffel voll zurückweisen mußte. Das Aussehen und die Konsistenz waren richtig, aber das war alles: es SCHMECK-TE nicht richtig.

Ich bekam ein Glas Leber und Karotten. Das schmeckte jetzt WIRKLICH wie aufgeweichte Pappe.

Nachdem sie sich vollgefressen hatten, saßen wir neben dem Baum, um noch mehr Geschenke zu verteilen.

Von der Beute unter dem Baum war mindestens die Hälfte für mich bestimmt. Immer wenn man mir ein Geschenk gab, riß ich das Papier ab und tat so, als interessiere mich das viel mehr als der Inhalt. (Ich tat das nur, weil meine Eltern sagten, das täte ich immer, und es schien ihnen Freude zu machen.)

Sie schenkte ihm zu Weihnachten einen Snooker-queue. Er schenkte ihr Unterwäsche, die sie vor der versammelten Mannschaft von Eltern und Schwieger-eltern nicht aus dem Karton herausnahm. Um zu ver-tuschen, daß es ihr peinlich war, drehte sie sich zu mir um. »Wollen wir jetzt einmal schauen, was Opa und Oma für dich ausgesucht haben?« Sie schob mir ein großes Paket zu.

Ich riß wie üblich das Papier ab, und zum Vorschein kam ein großer roter Leiterwagen voll mit Legostei-nen. Natürlich nahm ich ihn gar nicht zur Kenntnis, sondern beschäftigte mich mit dem Papier.

Ich bemerkte ein Räuspern, und dann sagte er: »Wol-len wir jetzt einmal schauen, was Opa und Oma für dich ausgesucht haben?« Und er schob mir ein weite-res großes Paket zu.

Und was soll ich sagen – ich riß das Papier ab, und zum Vorschein kam genau derselbe Leiterwagen. Er war sogar rot.

Es gab eine Menge gekünsteltes Gelächter und Versi-cherungen von beiden Seiten, es mache ihnen nichts aus, aber es war klar, daß es ihnen etwas ausmachte. Sogar viel. Der Fröhlichkeitspegel im Raum sank noch weiter.

Ich weiß nicht, warum sie so verstimmt waren. Es konnte nicht der Wettstreit um meine Aufmerksam-

213

keit sein, weil ich wie üblich sehr gerecht war und beide Geschenke mit Nichtbeachtung strafte.

Am Ende des Tages konnte ich auf eine gute Beute zurückblicken. Abgesehen von den zwei Leiterwagen bin ich jetzt stolzer Besitzer von drei lehrreichen Würfeln, in die man verschieden geformte Plastikteile einstecken kann, sieben Vorrichtungen, die man unter Verursachung von (unterschiedlichem) Lärm hinter sich herziehen kann, fünf Badespielzeugen (gemischt), zwei Xylophonen und einer Pfeife .... die hervorragend zu den anderen lehrreichen Würfeln, in die man verschieden geformte Plastikteile einstecken kann, den Vorrichtungen, die man hinter sich herzieht, Badespielzeugen etc. etc. etc. passen, die ich schon besitze und mit denen ich nie spiele.

In der Zwischenzeit packten die Erwachsenen weiter ihre Geschenke aus. Jedes Auspacken wurde gefolgt von einem gekünstelten Ausruf wie »Oh, genau was ich wollte!« und »Vielen, vielen Dank!«, und immer wenn ich das Papier von einem meiner Geschenke riß, fragte sie: »Was sagst du denn dazu, mein Liebling? Was sagst du denn dazu, mein Liebling?«

Wenn da nicht dieser Unterton der Verzweiflung in ihrer Stimme gewesen wäre, hätte ich es nicht getan, aber das ständige Soufflieren zeigte mir, wie verzweifelt sie das erste von mir ausgesprochene Wort brauchte, denn das war die einzige Hoffnung, den Tag zu retten.

So gab ich nach. Als ich das Papier von einem weiteren Plastikteil abriß, forderte sie: »Was sagst du denn dazu, mein Liebling?«

Ich konnte sehen, wie er auf der anderen Seite des Wohnzimmers versuchte, mit ihrem Geschenk einen Ball in einen Blumentopf zu putten. Ich wedelte aufgeregt in seiner Richtung mit den Armen und sagte ziemlich deutlich: »Da.«
»Oh, hört mal!« schrie sie aufgeregt. »Das war sein erstes Wort!« »Was hat der Kleine gesagt? Was hat der Kleine gesagt?« lärmten er und die versammelte Verwandtschaft.
Sie lächelte triumphierend. »›Danke‹!«
Ich verbesserte sie. »Da«.
»Hört nur!« rief sie. »Er hat es noch einmal gesagt!«
Ich gab auf. Wenn ich »danke« hätte sagen wollen, hätte ich es auch gesagt.
»O Gott«, fragte ich mich insgeheim, während alle um mich herum ekstatisch schwärmten, was für ein cle-

veres und höfliches Kind ich doch sei, »warum habe ich keine Eltern, die wenigstens einen Funken Intelligenz haben?«

Sechsundzwanzigster Tag

Sie hat sich eine neue Gewohnheit zugelegt, die mich schier die Wände hochtreibt. Immer wenn sie mir etwas gibt, sagt sie jetzt: »Und was sagt man?«
Ich hätte wissen müssen, daß das geschehen würde. Na ja, ich werde es nicht wieder tun. So, wie sie mich das letzte Mal falsch verstanden haben, habe ich es nicht eilig, das Wort »da« wieder zu äußern.

Dreißigster Tag

Hurra! Hurra! Heute habe ich mir einen lang gehegten Wunsch erfüllt.

Ich machte mir meine sich immer weiter entwickelnden Fähigkeiten der Fortbewegung und Koordination zunutze. Ich schaffte es tatsächlich, in meinem Bett aufzustehen und DIESES SCHEISSMOBILE zu packen. Ich krallte mir das untere flauschige Krokodil und zog mit meinem ganzen Gewicht daran. Die Schnur riß sofort, und das ganze Ding fiel auf mich.
Ich saugte und kaute an so vielen der kleinen Biester wie möglich, und ich bin froh, daß sie sich als nicht sehr robust herausstellten.
Wunderbar, was man mit Zähnen alles anstellen kann. Es besteht wohl kaum die Gefahr, daß sie versuchen werden, die vollgesabberte Masse von zerfetztem Stoff und verbogenem Plastik wieder zusammenzusetzen, die sie aus dem unteren Ende meines Betts herausgeholt haben.

Einunddreißigster Tag

Das Ende meines ersten Lebensjahres ist ein geeigneter Zeitpunkt, die letzten zwölf Monate einer Bilanz zu unterziehen. Alles in allem war es nicht so schlecht. Es war nicht immer einfach. Es gab unausweichliche Rückschläge, manche Lektionen wurden langsamer erlernt als andere, und es gibt noch einige grundlegende Fähigkeiten zu erwerben.

Und natürlich gab es Verhaltensprobleme – Zornesausbrüche, wenn etwas nicht gleich beim ersten Mal hundertprozentig klappte, einige Überreaktionen auf Disziplinarmaßnahmen, die in allen möglichen Situationen menschlichen Zusammenlebens unausweichlich sind, eine verspätete Entwicklung sozialen Gleichgewichts und recht deutliche Anzeichen für einfachen, altmodischen Egoismus.

Außerdem ist nicht so viel Erfolg von der Abstillfront zu vermelden, wie manche Autoritäten auf dem Gebiet sich das wünschen.

Aber laßt uns in Einklang mit dem Geist des herannahenden neuen Jahres Nachsichtigkeit üben. Laßt uns all die Schwierigkeiten, Streitereien und unschicklichen Machtkämpfe vergessen. Laßt uns auf die positiven Errungenschaften der letzten zwölf Monate zurückblicken.

Nein, im großen und ganzen machen sich meine Eltern ganz gut.

Humor in allen Lebenslagen

(2773)

(2783)

(2782)

(2653)

(2651)

(2650)

...Eltern sein dagegen sehr

(82014)

(7943)

(82042)

(7871)

(7694)

(7938)